독서교육 어떻게 할까?

독서교육, 어떻게 할까?

ⓒ 김은하 2014

1판 1쇄 발행 2014년 12월 5일
1판 7쇄 발행 2020년 5월 15일

지은이   김은하

펴낸이   한기호
책임편집   정안나
편집   여문주, 오선이
본부장   연용호
마케팅   윤수연
경영지원   김윤아

디자인   이성호
그림   이성호
인쇄   예림인쇄

펴낸곳   (주)학교도서관저널
출판등록   제2009-000231호(2009년 10월 15일)

주소   121-839 서울시 마포구 동교로 12안길 14(서교동) 삼성빌딩 A동 3층
전화   02-322-9677
팩스   02-322-9678
전자우편   slj9677@gmail.com
홈페이지   www.slj.co.kr

ISBN 978-89-6915-009-7 (03370)

이 도서의 국립중앙도서관 출판시도서목록(CIP)은 서지정보유통지원시스템 홈페이지(http://seoji.nl.go.kr)와 국가자료공동목록시스템(http://www.nl.go.kr/kolisnet)에서 이용하실 수 있습니다.
(CIP제어번호 : CIP2014033967)

독서교육
어떻게 할까?

김은하 지음

학교도서관저널

● 여는 글

  2009년 『영국의 독서 교육』(대교출판)이라는 책을 쓰고, 교사, 사서, 학부모 들을 만나러 전국 방방곡곡을 다녔습니다. 도시의 대규모 학교부터 시골의 분교까지, 국립중앙도서관부터 마을의 작은 도서관까지, 교육청의 교장 연수부터 작은 독서동아리까지요. '강연'이라는 플래카드를 달고 제가 알고 있는 것을 나눈다는 생각으로 여러 사람을 만났지만, 오히려 저에게는 굉장한 배움의 시간이었습니다. 가정과 학교, 도서관, 교사 단체, 작가 모임, 출판업계, 교육청, 중앙 및 지방자치단체의 주체들이 아이들의 책 읽기에 어떤 노력을 기울이는지, 어떤 화두로 고민하는지 배울 수 있었거든요.

  독서교육 관련 강연을 하며 받은 질문에는, 가능한 개인적인 의견보다 객관적인 통계나 전문적인 연구에 바탕을 둔 의견을 전달하려고 했습니다. 그러나 짧은 질의응답 시간 안에 관련된 연구나 논쟁을 자세히 설명할 수 없어서 아쉬움이 컸습니다. 질문을 받는 즉시 답하려니 밑천

이 바닥나기도 했습니다. 그런 질문에 대해서는 '이렇게 하면 어떨까? 저렇게 하면 어떨까?' 하는 식의 미흡한 제안에서 그칠 수밖에 없었습니다. 강연을 끝내고 돌아오는 길, 시원하지 못한 답변과 친절하지 못했던 설명은 늘 숙제로 남았습니다. 돌아와 관련된 책과 연구 논문을 뒤지고, 국내외의 대안적인 실천 사례도 찾았습니다. 이렇게 독서교육 현장의 질문이 저를 움직이게 해 이 책을 쓰게 되었습니다.

이 책은 13장으로 구성되었습니다. 각 장은 독서교육 현장에서 가장 궁금해하는 질문으로 시작하여, 그 질문과 관련된 연구 결과와 교육 활동까지 담으려고 했습니다. 다뤄진 질문은 다음과 같습니다. "글을 알면서도 읽어 달라고 해요.", "가정은 아이의 독서에 어떤 영향을 끼치나요?", "전집과 필독도서를 꼭 읽혀야 하나요?", "편독을 어떻게 고칠 수 있을까요?", "정독과 다독 중에 무엇이 더 좋은가요?", "아이의 수준에 맞는 책이라는 걸 어떻게 아나요?", "만화책을 좋아하는데 계속 보여 줘도 될까요?", "이미지 읽기가 왜 중요한가요?", "책 읽기 싫어하는 남자 아이들을 어찌하면 좋을까요?", "책을 안 읽는 사춘기 아이가 걱정이에요.", "고전은 어떻게 읽혀야 하나요?", "독서·토론·논술 학원에 보내야 할까요?", "전자매체 읽기를 어떻게 받아들여야 할까요?"

강연을 하다 보면 위의 질문들을 신기할 정도로 자주 만납니다. 아마도 아이들과 책의 만남을 주선하다 보면 비슷한 상황이 많이 생기기 때문이겠지요. 또 다른 이유를 들자면, 여기저기서 엇갈린 대답을 들어 무엇을 어떻게 하라는 건지 판단할 수 없기 때문일 겁니다. 개인의 성공 신화와 마케팅 용어가 뒤섞여 전문 지식인 양 퍼져 있기 때문이지요. 만약 아이의 책 읽기를 위해 애썼던 방법이 잘못된 상업적 정보에 휘둘린 것이었다면, 결과는 원치 않은 방식으로 흘러가기 쉽습니다. 어른이 노력할수록 아이는 책으로부터 멀어질 수 있거든요. 이 책에서는 개인의 성공 신화와 상업적 담론을 걷어 내고, 연구 결과에 근거하여 어떤 방법이 아이들에게 가장 교육적인지 설명하려고 합니다.

저는 "한국의 교육학 공부에는 세 가지 방식이 있다."고 농담처럼 말합니다. 첫 번째는 대학에서 배우는 이론 중심의 '강단 교육학'. 두 번째는 임용고시 대비용 '노량진 교육학'. 그리고 세 번째는 아이들을 교육하며 부딪친 문제를 해결하기 위한 '가슴 절절 교육학', 즉 교육 현장에서 길을 헤매며 답답할 때, 마음속의 절절한 물음이 공부를 하게 하는 교육학입니다. 강연을 듣고 학부모, 교사, 사서, 학교 관리자 들이 던진 질문이 저를 공부하게 했듯이, 이 책도 독서교육 현장에서 가슴 절절한 물음을 가진 분들에게 유용한 공부거리가 되었으면 합니다.

이 책을 읽으며 몇 가지 주의할 점을 미리 이야기한다면, 첫째, 학문의 세계 역시 논쟁적입니다. 여러 이론이 양립하고 입장에 따라 상반된 의견이 있을 수 있습니다. 둘째, 다른 나라의 학문적 성과는 사회적·문화적 맥락, 사용하는 언어, 교육의 철학이 달라, 우리의 독서교육 현장에서 똑같은 결과를 낳지 않을 수도 있습니다. 따라서 외국의 연구 결과와 사례를 받아들일 때는 조심스러워야겠지요. 셋째, 저의 한계와 지면의 부족으로 관련된 모든 연구를 다 다루지는 못할 겁니다. 이 책에서 다루는 질문의 답은 각각 한 권의 책으로 나와도 될 만큼 광범위하기에, 한 개의 질문에 대한 답을 몇 쪽으로 정리한 이 책이 성글게 생각될 수 있습니다. 마지막으로, 저의 언어적 한계로 한글과 영어로 쓰여진 연구만 언급 대상이 됩니다. 이러한 한계를 염두에 두고 이 책에 소개된 연구 결과를 참고해서 독서교육에 대한 생각의 단초로 삼되, 맹목적이지는 않기를 바랍니다.

이 책은 〈학교도서관저널〉에 연재했던 글을 모으고, 실천적인 활동이나 수업안을 덧붙여 정리했습니다. 서정원 편집장과 정안나 편집자의 전문적인 손길 덕에, 2년 동안 글 쓰는 자유를 누리면서도 '책'이라는 알찬 매듭을 짓게 되었습니다. 지난 5년 동안 약 400회 가까이 강연하며 만난 학생, 학부모, 교사, 사서, 학교 행정가, 작가, 시민 들에게도 감사드립니다. 알고자 반짝이는 눈빛과 아이들 때문에 흘리는 눈물, 배운 걸 나누어 주려고 신이 난 입가를 바라보며 절로 힘이 났습니다.

저의 가장 가까운 독서교육 현장인, 딸 송지민에게도 고마움을 전합니다. 한 존재를 설명하고 마음을 얻고 변화시키기에 이론이 얼마나 불친절한지, 이 365일짜리 현장이 없었다면 몰랐을 겁니다. 좋은 독서교육만으로는 부족하고, 좋은 사회를 만들려는 연대에 힘써야겠다는 생각도 아이 때문에 더욱 절실해졌습니다. 마지막으로 길 위에서 배우고 가르치고 공부하는 사람이 되겠다는 저의 결심을 지지해 준 남편 송병건과 이 책의 보람을 나누고 싶습니다.

차 례

여는 글 | 4

1장 글을 알면서도 읽어 달라고 해요
글자를 안다고 글을 이해하는 것은 아니다 | 15
유창하게 읽기는 단박에 이뤄지지 않는다 | 17
들을 때와 읽을 때, 이해력의 차이와 상관관계 | 21
새로운 정보량이 많을수록 정신줄을 놓는다 | 24
글을 읽는다는 것은 글자 너머의 의미를 읽어 내는 것 | 28

2장 가정은 아이의 독서에 어떤 영향을 끼치나요?
가정에서 함께 읽기의 교육적 효과 | 33
가정에서 읽어 주기와 글 가르치기의 효과 | 39
스스로 경험하는 문해활동이 아이들의 읽기·쓰기 능력에 끼치는 영향 | 44
양육자의 읽기·쓰기 활동이 아이들에게 끼치는 영향 | 50
가정에서 즐기는 읽기·쓰기 활동 | 53

3장 전집과 필독도서를 꼭 읽혀야 하나요?
전집 읽기는 한국 아이들만의 독특한 독서 경험이다 | 59
성장 단계에 맞춰 읽어야만 하는 책이 따로 있을까? | 62
스스로 고른 책이 읽기 동기를 높인다 | 65
상황에 따라 흥미를 가질 만한 책들 | 68
찍도록 내버려 두지 말고 선택하도록 돕자 | 71

4장 편독을 어떻게 고칠 수 있을까요?

편독, 무엇에 대한 치우침인가? | 79
내적 동기가 읽기의 폭과 양을 좌우한다 | 81
골고루 읽기는 필요조건인가, 충분조건인가? | 83
아이들의 편독은 잘못된 독서교육 탓이 아닐까? | 86
책 읽기로 다양한 분야의 맛을 느껴 보자 | 92

5장 정독과 다독 중에 무엇이 더 좋은가요?

여러 가지 읽기 방식 | 97
정독, 좁지만 깊게 읽기 | 99
다독, 얕지만 넓게 읽기 | 103
훑어 읽기, 배움을 위한 읽기 | 105
읽는 목적에 따라 달라지는 읽기 방식 | 107
읽기 방식과 관련된 국내 연구 | 109
읽기 방식을 읽기 목적에 맞게 활용하는 교육 | 111

6장 아이의 수준에 맞는 책이라는 걸 어떻게 아나요?

읽기 난이도 측정으로 읽기 수준 판단하기 | 117
읽기 난이도를 결정하는 변수 | 121
어린이책의 읽기 난이도를 임의로 분류하는 것의 문제점 | 124
책 읽기에 부여하는 의미를 이해하자 | 127
자기 '밥책' 찾기 | 130

7장 만화책을 좋아하는데 계속 보여 줘도 될까요?

읽기 자료로서 만화가 가지는 특징 | 135
쉽고 재미있는 만화책이 독서 흥미와 읽기 동기를 높인다 | 138
만화 주인공과 동일시하며 공부 스트레스 풀기 | 141
만화책이 아이들의 읽기 활동에 끼치는 영향 | 143
아이의 만화책 읽기를 위해 어른이 해야 할 일 | 145

8장 이미지 읽기가 왜 중요한가요?

그림책, 글과 그림의 상호작용 | 151
그림책의 그림 정독하기 | 156
이미지도 적극적인 읽기가 필요하다 | 160
삶의 텍스트, 학교 밖 넘쳐나는 이미지 | 163
그림책을 활용한 시각 문해력 수업 | 166
시각 문해력 수업에서 아이들의 생각을 촉진하기 위한 질문 | 174

9장 책 읽기 싫어하는 남자아이들을 어찌하면 좋을까요?

남자아이와 여자아이의 독서율과 읽기 능력 차이 | 179
남자아이와 여자아이의 읽기 태도 차이 | 182
남자아이들이 책 읽기를 싫어하는 이유 | 184
남자아이의 책 읽기를 돕기 위해 필요한 몇 가지 | 186

10장 책을 안 읽는 사춘기 아이가 걱정이에요

청소년기 책 읽기의 막막한 현실 | 193
성적 성숙과 사랑에 관심이 생긴다 청소년기 독서의 변화 요인 1 | 196
추상적·논리적 사고가 발달한다 청소년기 독서의 변화 요인 2 | 200
자기정체성에 대한 탐색에 관심을 갖는다 청소년기 독서의 변화 요인 3 | 204
다양한 매체 읽기가 본격화된다 청소년기 독서의 변화 요인 4 | 206

11장 고전은 어떻게 읽혀야 하나요?

고전 읽기 열풍의 좋은 점과 나쁜 점 | 211
어떤 책이 고전이 될까? | 214
영원불변의 고전은 없다 | 216
고전 읽기 교육으로 인간과 세계의 진리 찾기 | 219
고전 읽기 교육, 이렇게 해 보자 | 222

12장 **독서·토론·논술 학원에 보내야 할까요?**
　　책 읽기와 사교육의 상관관계 | 229
　　학생들의 독서동아리에 꼭 필요한 네 가지 | 231
　　독서동아리 활동에 도움이 되는 책들 | 234
　　공부가 아닌 경험으로서의 독서동아리 | 236
　　청소년 책 읽기 활동의 세 가지 맥락 | 239

13장 **전자매체 읽기를 어떻게 받아들여야 할까요?**
　　전자매체에 잠식된 청소년의 일상 | 249
　　하루 종일 전자매체 텍스트를 읽고 쓰다 | 252
　　인쇄물 읽기와 전자매체 읽기가 만드는 차이 | 255
　　전자매체의 좋은 점은 받아들이고 책 읽기의 이로운 점은 잃지 말자 | 260

닫는 글 | 265
주 | 272
찾아보기 | 280

1장

글을 알면서도 읽어 달라고 해요

"글자를 다 아는데도 자꾸 책을 읽어 달라고 해요. 아이 혼자 책을 읽지 않아서 걱정인데, 계속 읽어 주어야 하나요?"

 "글을 소리 내어 읽기는 하는데, 뜻을 물어보면 엉뚱하게 알고 있어요."

 "초등학교 5~6학년생에게도 가끔 읽어 주기를 하면 도움이 될까요?"

주로 어린 자녀를 둔 부모, 특히 초등학교 1~2학년생 학부모가 많이 하는 질문입니다. 아이가 유치원생 정도만 돼도 책을 읽어 주며 조바심을 내지 않는데, 아이가 초등학교에 입학하고 학년이 올라갈수록 부모는 불안해집니다. '왜 자꾸 읽어 달라고 할까?', '내가 읽어 주기 때문에 아이가 스스로 책을 안 읽나?' 걱정이 됩니다.

아이가 까막눈인 상태를 벗어나 좀 어려운 글자도 소리 내어 읽고 맞춤법도 익히면 어른들은 대부분 읽어 주기에서 손을 놓습니다. "이제 글을 읽을 줄 아니까 스스로 읽어라." 하고 내버려 두는 거지요. 그래서 초등학교 3~4학년이 되어도 책을 거의 읽어 주지 않고, 초등학교 5~6학년생이나 중학생이 되면 읽어 주기를 대부분 그만둡니다.

글자를 소리 내어 읽는 능력은 '해독', 글자의 뜻을 읽는 능력은 '독해'라고 합니다. 그런데 해독과 독해 사이, 즉 글자를 읽을 줄 아는 능력과 글을 이해하는 능력 사이에는 태평양만 한 간극이 있습니다. 해독을 할 줄 안다고 저절로 독해가 되는 건 아닙니다. 해독은 독해에 이르는 출발선일 뿐입니다. 이 장에서는 해독에서 독해에 이르기까지 어떤 연습과 노력이 필요한지, 그리고 어떻게 하면 그 태평양을 건너는 과정이 자연스럽고 즐거울 수 있을지 알아봅시다.

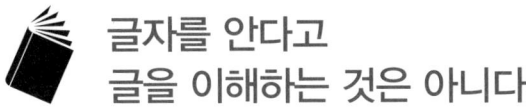
글자를 안다고
글을 이해하는 것은 아니다

　스스로 글을 이해하는 데 노력과 연습이 필요한 것은 글을 막 깨친 아이만이 아닙니다. 어른의 글 읽기도 마찬가지입니다. 평생 관심을 둔 적도 없던 분야의 전공서적을 한 권만 골라 읽어 보세요. 혹은 영어로 된 책, 특히 시집을 읽어 보세요. 소리 내어 읽을 수는 있어도 이해하는 데는 애를 써야 할 겁니다. 글을 막 깨친 아이들의 머릿속에서도 이와 비슷한 일이 벌어집니다.

　글을 읽을 때는 최소한 두 가지 활동을 동시에 합니다. 하나는 글자를 읽는 활동, 다른 하나는 의미를 구성하는 활동입니다. 우선, 글자를 읽는 활동에 대해서 이야기해 보지요. '돌'이든, 'stone'이든, '石' 혹은 'pedra'(포르투갈어)든, '돌'이란 글자는 필연적으로 돌처럼 생겨서 그렇게 쓰는 게 아니라 사람들이 약속을 통해 만들어 낸 모양이지요. 이렇게 언어마다 가지고 있는 임의적인 약속을 아이들은 후천적으로 배우고 익힙니다. 글자를 읽는 것은 마치 사회적으로 약속한 암호를 읽는 것과 같고, 글자를 쓰는 것은 이 암호를 규칙대로 쓰는 것과 같습니다. 그래서 글자를 안다는 것을 '해독 decoding'이라고 합니다. 사회적인 암호를 풀 수 있는 능력이란 뜻이지요.

어릴 적 동네에서 듣던 자식 자랑 중에는 "우리 개똥이는 세 살에 글을 뗀 신동이에요."란 말이 빠지지 않았지요. 한국에서 글자 떼기는 문자 교육의 매우 중요한 단계로 여겨져, 초등학교 1~2학년생의 문자 교육도 글자를 읽어 내는 해독과 글자를 쓰는 맞춤법이나 받아쓰기 coding에 집중합니다. 그런데 맞춤법에 너무 집중한 나머지, 개념이 어려운 단어를 이해하거나 활용하는 법을 배우기보다, 맞춤법이 어려운 단어에 신경을 더 쓰기도 합니다.[1] 예를 들어, '서글프다', '어설프다'라는 단어를 설명하거나 활용하는 것보다 '닭', '바깥', '밝히다' 등의 단어를 받아쓰는 것에 더 많은 시간을 들이지요. 글자 떼기 연습은 초등학교 1학년생에게만 국한되어 있고, 그 이후로는 글을 안다는 것을 전제로 수업이 이루어집니다.[2] 그러다 보니 취학 전부터 아이의 글자 떼기에 공을 들이게 되고, 취학하고 한 학기가 지났는데도 글자를 술술 읽지 못하면 부모는 마음이 매우 조급해집니다.

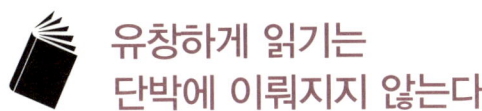
유창하게 읽기는
단박에 이뤄지지 않는다

아이들이 글자를 해독하는 방법에 대한 이론이 몇 가지 있습니다. 그중 한글 읽기의 발달 과정을 연구한 윤혜경에 따르면,[3] 아이들이 글자를 읽는 과정은 크게 네 단계를 거칩니다. 자모음을 모르지만 글자를 그림처럼 인식하는 첫 번째 단계, 글자의 음절을 하나씩 읽을 수 있는 두 번째 단계, 자음과 모음이 어떤 소리를 내는지 알고 읽을 수 있는 세 번째 단계, 단어를 한눈에 통째로 읽을 수 있는 네 번째 단계가 그것입니다.

예를 들어, 첫 번째 단계에서는 집 서가에 꽂혀 있는 그림책 제목인 『사과가 쿵!』(다다 히로시 지음, 보림)이 눈에 익어 '사과'를 그림처럼 통째로 읽습니다. 이 단계의 아이들은 글자 자체보다는 책 표지의 사과 그림에서 힌트를 얻어 글자를 짐작합니다. 글자를 인식한 건 아니기에 '사과'는 읽지만 '사랑'의 '사'는 읽어 내지 못하지요. 두 번째 단계로 '사과'를 한 글자씩, 즉 '사'와 '과'를 각 음절별로 읽을 수 있게 됩니다. 그래서 '사진', '사랑', '사람'의 '사'를 읽을 수 있게 됩니다. 세 번째 단계로 넘어가면, 자음과 모음의 소릿값을 구별할 수 있습니다. 그래서 '산'이 'ㅅ+ㅏ+ㄴ'의 조합으로 이루어진 걸 알게 됩니다. 처음에 아이들은 한글의 받침을 배우면서 자음의 음가를 분리하기 시작합니다. 이것이 익숙해지면 자음이나 모음의 음가를 분리하거나 조합해서 읽을 수 있게 됩니다. 마지막 단계에 이르면, 자음과 모음을 분석하지 않고도 '사과'라는 단어를 한눈에 읽을 수 있습니다.

간단하게 말하자면, 아이들은 처음에 글자를 그림처럼 여기다가, 천천히 자모음의 음가를 알아차리고 그에 맞게 발음하다가, 단어를 한눈에 인식하고 발음할 수 있게 됩니다. 유창하게 읽게 되지요. '읽기 유창성reading fluency'은 빠르고 정확하고 표현에 맞게 읽을 수 있는 능력입니다. 유창하게 읽기는 글자를 안다고 심봉사 눈 뜨듯 단박에 이루어지지 않습니다. 많은 연습이 필요하지요. 어른들이 영어 알파벳의 음가를 알아도 익숙하지 않은 단어와 문장 구조의 글을 유창하게 읽으려면 연습이 필요하듯이요. 독서 발달의 대표적인 이론가인 리니아 에리Linnea C. Ehri는 유창성을 높이는 가장 효과적인 방법은 음성 언어로 들었을 때 이해할 수 있는 글을 스스로 읽는 거라고 말합니다. 쉬운 어휘와 표현으로 구성된 글을 읽으면, 독해에는 에너지를 조금만 쓰면서 해독에 집중할 수 있기 때문에 해독 속도가 빨라지는 거죠.

유창하게 읽기를 돕는 활동

다음의 활동은 가정, 유치원, 학교, 읽기 부진아를 위한 수업에서, 1대1 혹은 소집단이나 대집단 단위로 활용할 수 있습니다.

- **교사나 부모가 유창하게 읽는 시범 보이기**

교사나 부모가 글의 의미에 적합한 속도와 정확한 발음으로 글을 읽어 줍니다. 문장에 강조할 부분이 있을 때는 소리를 조금 크게 하거나 톤을 높이거나 천천히 발음하며 목소리를 조절합니다. 대화 부분을 읽을 때는 등장인물의 상황과 감정을 목소리로 표현합니다. 시를 읽을 때는 연과 연 사이에서 잠시 멈추며 느낌을 담습니다. 동화 구연가처럼 목소리를 꾸미지 않아도 사투리 억양이 많아도 괜찮습니다. 글의 목적과 의미가 듣는 이에게 전달되도록 읽어 주는 것이 중요합니다.

- **귀로 듣고 눈으로 글자 읽기**

부모나 교사가 글을 읽어 줄 때, 아이는 그 부분을 눈으로 따라 읽게 합니다. 눈으로 읽기 싫어하면, 젓가락을 "요술봉"이라며 쥐어 주고 읽어 주는 부분을 짚도록 해도 됩니다. 예를 들어, "글자를 젓가락으로 짚으라니, 그게 말이 돼?"라는 문장을 읽어 준다면, 아이는 눈으로 글자를 짚으며 단어의 발음([젇까락], [지프라니]), 쉼표 뒤의 끊어 읽는 부분, 물음표나 따옴표와 같은 문장부호의 기능을 관찰하게 됩니다.

- **다 같이 소리 내어 읽기**

여럿이 글을 소리 내어 읽습니다. 이때는 반복되는 구절이 많은 책이 좋습니다. 예를 들어, 그림책 『누가 내 머리에 똥 쌌어?』(베르너 홀츠바르트 지음, 사계절출판사)에는 "네가 내 머리에 똥 쌌지?", "나? 아니야. 내가 왜?"라는 구절이 반복해서 나옵니다. 아이들은 이 부분을 다 같이 소리 내어 읽으며 글자를 읽을 수 있다는 자신감과 책 읽기의 재미를 느낍니다. 리듬감이 있는 시집도 다 같이 소리 내어 읽기에 좋습니다.

■ 인형이나 동물에게 읽어 주기

아이가 자신이 좋아하는 인형이나 동물에게 책을 읽어 줍니다. 이 활동은 아이가 글자를 읽을 줄은 알지만 유창하게 읽지는 못할 때 더욱 효과적입니다. 아이들은 인형이나 동물이 자신이 읽어 주는 걸 듣는다고 상상하고 의미 전달에 신경 써서 읽습니다. 대상이 없다는 걸 전제로 하는 혼자 읽기와 달리, 듣는 이가 있기 때문이지요. 인형이나 동물은 아이들이 읽어 주다 실수를 해도 어른들처럼 비난하거나 욱하지 않기 때문에, 남 앞에서 읽는 데에 자신이 없는 아이들이나 실수를 두려워하는 아이들이 읽기를 연습하기에 부담이 없습니다. 상황에 따라 인형을 로봇이나 포켓몬 카드, 피규어 등으로 대신해도 좋습니다.

수업시간에 번갈아 읽기를 한다면, 각자 자신이 맡은 부분을 인형에게 읽어 주면서 유창하게 읽기를 연습할 수 있겠지요. 숙제로 '교과서 두 번 소리 내어 읽어 오기'를 내준다면, 이를 '가장 좋아하는 인형에게 교과서 두 번 읽어 주기'로 바꾸어 내줄 수도 있습니다. 또한 도서관이나 교실에 아이들이 좋아할 만한 인형이나 로봇을 몇 가지 구비해 두고 아이들이 책을 읽어 주게 합니다. 인형 목에 독서 통장을 목걸이처럼 걸어 놓고, 자신이 읽어 준 책의 제목을 적게 해도 좋겠지요.

비슷한 방식으로 북미의 여러 도서관은 시각장애인 안내견을 앞에 두고 아이들이 책을 읽어 주는 프로그램을 진행합니다. 더듬거리는 읽기 실력이지만 다른 사람에게 책을 읽어 주는 기쁨을 느끼며 읽어 주기를 연습할 수 있도록요. 참고로 저희 집에서는 장수풍뎅이와 거북이, 기린 인형이 엄청난 독서량을 자랑했답니다.

■ 라디오 극장

아이들이 책 속 등장인물의 역할을 맡아 책을 라디오극처럼 읽습니다. 희곡이 가장 적절하지만 여의치 않으면 대화가 많은 그림책이나 동화책도 좋습니다. 한 명씩 역할을 나누어 각자 표현하는 인물이 어떤 상황에서 누구를 향해 어떤 감정을 담아 말하는지 생각해 보고 연습합니다. 초등학교 5~6학년생이나 중고생의 경우, 구어적인 표현이 많은 판소리나 근대문학을 라디오극으로 만들어 보면 재미도 있고 이해하기도 쉬워집니다.

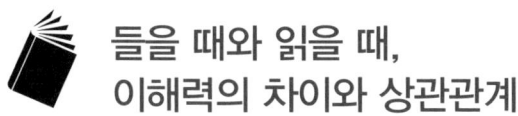
들을 때와 읽을 때, 이해력의 차이와 상관관계

앞에서 글을 읽을 때는 최소한 두 가지 활동을 동시에 한다고 했습니다. 하나는 임의적인 약속인 글자를 읽어 내는 것, 다른 하나는 글의 의미를 파악하는 것이지요. 글자 읽기를 막 시작한 아이들의 뇌는 글의 해독에 집중하기 때문에 글을 이해하기 위한 노력은 덜하게 됩니다. 반면, 해독에 노력을 쏟지 않고도 쉽고 자연스럽게 글자를 읽을 수 있으면 에너지는 글의 이해에 집중됩니다. 이 상태를 '해독이 자동화되었다.'라고 합니다.

아이들이 글을 읽을 수 있어도 책을 읽어 달라고 하는 이유 중 하나는 읽기 유창성이 부족해서, 즉 독해보다는 해독에 여전히 신경을 써야 하기 때문입니다. 어른의 읽어 주기는 아이의 해독 활동을 대신해 주는 겁니다. 그래서 아이는 해독에 기울였던 노력을 이해에만 집중할 수 있게 됩니다. 책을 읽어 줄 때, 뭘 하고 있냐고 아이에게 물어보세요. 이야기에 집중하고 있는 아이들은 "듣고 있는 이야기를 머릿속에서 그려 본다."고 말합니다. 배경을 설명하면 장면을 그려 내고, 사람 얼굴을 묘사하면 영상처럼 클로즈업된 얼굴을 상상하며, 음식을 설명하면 맛과 모양을 추측합니다. 머릿속으로 그려 보는 것은 의미를 적극적으로 구성하도록 해 주어 내용의 이해를 돕습니다.

이처럼 아이들은 스스로 읽을 때보다 누군가가 읽어 줄 때 이해를 더 잘합니다. 이와 관련해 '들을 때'와 '읽을 때'의 이해력의 차이와 상관관계에 대한 최근 연구를 살펴보지요.[4] 학년이 낮을수록 읽을 때보다 들을 때의 이해력이 뛰어나고 그 차이도 큽니다. 즉 자기가 스스로 읽어서 이해한 것보다 누군가 읽어 주었을 때 이해하기가 더 쉽지요. 학년이 낮은 아이일수록 읽을 때 뇌가 해독에 할애하는 비중이 크기 때문이지요. 그러다가 학년이 높아질수록 들을 때와 읽을 때의 이해력의 차이가 좁혀집니다. 중학교 1학년이 되어서야 상황이 역전되어 들을 때보다 읽을 때의 이해력이 높아집니다. 이렇게 해독이 완전히 자동화되어 뇌가 독해에만 집중하기까지는 초등학교 전 시기가 필요합니다. "읽어 주면 이해가 더 잘돼요."라고 하는 아이들의 말은 실제로 이렇게 검증된 것입니다.

재미있는 사실은 초등학교 시기의 들을 때와 읽을 때의 이해력의 상관관계입니다. 독해를 잘하는 아이들을 살펴보았더니 과거에 들을 때의 이해력이 높았다는 공통점이 있었습니다. 들으면서 이해한 어휘와 표현, 배경지식 등이 이후의 독해 활동에 도움이 된 거지요. 따라서 책을 읽어 줄 때 잘 이해하는 아이는 스스로 책을 읽게 됐을 때도 잘 이해할 거라고 짐작할 수 있습니다.

아이가 책을 읽어 달라고 할 때는 가능한 즐겁게 읽어 주세요. 글을 잘 못 읽는 초등학교 1~2학년생에게만이 아니라 초등학교 전 기간에 걸쳐 책을 읽어 줄 필요가 있습니다. 중학생이라도 유창하게 읽지 못한다면 읽어 주기가 여전히 독해에 도움을 줄 수 있습니다.

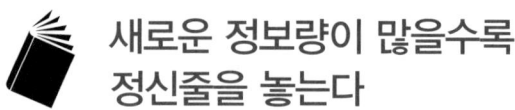# 새로운 정보량이 많을수록
정신줄을 놓는다

아이의 읽기 유창성이 높아져 글을 줄줄 읽으면 독해가 저절로 될까요? 아이가 어려운 단어나 문장을 정확하고 부드럽게 발음하면 글을 이해한다고 착각하기 쉽습니다. 그러나 해독을 유창하게 하더라도 스스로 읽는 책의 단어가 어렵고 생경하면 독해가 어렵습니다. 다음은 『한글 피어나다』(정해왕 외 지음, 해와나무)의 한 부분입니다.

> 내가 한글의 원리를 가르쳐 주면 외국 사람들은 깜짝 놀라곤 했어요. 한글에 담겨 있는 과학성과 독창성, 그리고 편리함은 어떤 문자와 견줄 바가 아니었거든요.

글자를 잘 아는 초등학교 2학년생이라도 '과학성', '독창성', '견주다'라는 단어가 익숙하지 않으면 이 글을 해독할 수는 있어도 독해하기는 어렵습니다. 특히 생활 속에서 자주 접하는 단어를 넘어 추상적인 개념어나 학술 용어가 많이 나오면 독해가 어렵지요. 초등학교 3~4학년 때 사회와 과학을, 5학년 때 역사를 배우기 시작하면 새롭게 만나는 단어가 폭발적으로 늘어납니다. 특정 단어와 관련된 배경지식이 없거나 그 단어가 사용된 용례를 들어 보지 못했거나 단어의 쓰임을 경험하지 못했다면 독해가 어렵습니다. 게다가 글을 이해하려면 맥락을 계속 따라가야 하는데, 새로운 단어나 표현이 많이 나오면 어휘도 맥락도 잊어버리기 쉽습니다.

다른 교육 현장과 마찬가지로 최근 독서교육 현장에서도 선행학습이 유행입니다. 다음 학년에 배울 것을 책으로나마 미리 읽어 놓아야 나중에 학습이 쉽다는 논리지요. 초등학교 3학년 사회에서 '지방자치제와 공공기관'에 대해 배우니 1~2학년 때 사회탐구 시리즈를 읽어야 한다거나, 5학년 때 역사를 배우니 3~4학년 때쯤 역사 관련 도서를 읽으라고 합니다. 그러나 이는 이론적인 근거가 없는 이야기입니다. 오히려 경험이나 배경지식 없이 많은 단어와 표현, 개념을 새롭게 접하면 정신줄을 놓기 십상입니다.

강연 때 자주하는 실험입니다. 다음 숫자를 순서대로 읽고 기억해 보세요.

283 010 340 734 114 910 392 701 625 820 474 628 301 856 512 031

이제 눈을 감고 외워 보세요. 모두 머릿속에 남아 있나요? 사람은 자기만의 방법으로 새롭게 받아들인 정보를 기억하기 위해 다양한 인지적 전략을 씁니다. 어떤 아이는 머릿속에서 숫자를 이미지로 떠올려 시각화하고, 어떤 아이는 숫자를 중얼거리며 청각적으로 기억하지요. 또 어떤 아이는 연상법을 이용하여 각 숫자와 연상되는 것을 연결지어 기억합니다. 그러나 3~4개의 숫자는 어렵지 않게 기억할 수 있지만, 6~7개보다 많아지면 잘 외워지지 않습니다. 그러다 10개보다 많아지면 외우려는 시도조차 하지 않기 쉽습니다.

아이들이 누군가의 도움 없이 혼자 읽는 책에서 1개의 새로운 단어가 나왔다고 합시다. 예를 들어, "육식동물이란 ~이다."와 같이 새롭게 설명된 단어라면 자기 것으로 만들려고 할 것입니다. "지난 수학 시간에 자랑 컴퍼스를 가져오라고 했죠?"와 같이 설명되지 않은 새로운 단어를 만나면 앞뒤 문맥을 살펴 컴퍼스를 수학 시간에 필요한 도구의 하나로 이해하려고 할 것입니다. 그런데 새로운 정보가 6~7개보다 많아지면, 이를 이해하고 기억하려는 인지적 전략을 포기하게 됩니다. 새로운 정보를 읽고는 있지만 인지적 전략을 써서 내 것으로 만들지는 않는 거죠. 정신줄을 놓는 겁니다.

책을 읽는 과정도 마찬가지입니다. 한 페이지 안에 새로운 단어나 개념이 많은 글을 읽으면 머릿속에 많이 남는 게 아니라, 3~4개의 의미도 안 남을 가능성이 높습니다. 그래서 소화하기 어려운 책, 두꺼운 책, 무턱대고 많은 양의 책을 읽는 것은 오히려 역효과를 내기 쉽습니다. 눈으로 해독만 하고 머리로 독해하기를 포기하기 때문이지요.

그래서 아이들이 스스로 읽기 난이도를 가늠해 볼 수 있는 간단한 방법을 가르쳐 주면 좋습니다. 바로 '다섯손가락 기법'입니다. 한 페이지에 나오는 새로운 단어나 표현을 세어 보게 한 뒤, 그 단어나 표현의 수가 0~1개라면 '간식책', 2~3개라면 '밥책', 4~5개라면 '보약책'으로 분류하게 합니다. 글이 많지 않은 그림책을 읽는 유치원생이나 초등학교 1~2학년생이라면 숫자를 조금 더 줄여서 처음 접하는 단어나 표현의 수가 0~1개면 '간식책', 2개면 '밥책', 3개면 '보약책'이라고 알려 줍니다. 스스로 읽기를 시작한 아이들에게는 간식책을 읽게 하는 것이 좋습니다. 누군가가 읽어 주고 설명도 보탤 수 있다면 밥책이나 보약책이 좋고요. 앞의 연구에서처럼 읽을 때보다 들을 때의 이해력이 훨씬 더 높으니까요.

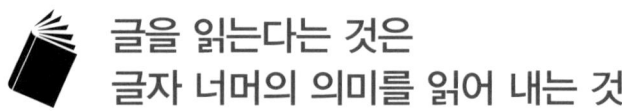
글을 읽는다는 것은
글자 너머의 의미를 읽어 내는 것

아이들이 글자를 잘 인식할 수 있고 유창하게 읽으면 그 글의 의미 구성이 수월할까요? 다음 문장을 읽고 아이들에게 질문을 해 보면 재미있는 답을 듣게 됩니다.

아무도 2등은 기억하지 않습니다.

이 문장을 읽을 줄 아는 초등학교 1학년생에게 "그럼 3등은 기억할까?" 하고 물으면 "음. 기억해요."라고 답하고, 이를 받아 "4등은?"이라고 물으면 "네. 2등이 아니니까 기억해요."라고 답합니다. 글자 그대로 의미를 파악하는 거지요.
아이들은 단어 각각의 뜻을 몰라서 독해를 못하는 것이 아닙니다. 알고 있는 단어의 의미를 합친 것과 문장의 의미는 다르기 때문에 이해를 못한 거지요.

"어르신, 진지 드셨어요?"
"아이고, 다 컸네. 시집가도 되겠어."

위의 문장을 외국어로 번역하여 외국인에게 보여 주면, 속뜻을 잘 이해하지 못합니다. 식사를 했느냐는 물음에 결혼할 나이가 되었다고 대답하고 있기 때문이죠.

언어를 쓰는 사회적·문화적인 맥락을 이해해야 "진지 드셨어요?"라는 말이 식사를 했느냐는 의미를 넘어서 안부를 묻는 질문이라는 걸 이해할 수 있습니다. "시집가도 되겠다."는 대답 또한 결혼을 하라는 의미보다는 어엿한 성인이 되니 참 보기 좋다는 덕담으로 해석할 수 있지요. 글의 표면에는 나타나지 않았지만, 우리는 대화하고 있는 상황과 두 사람의 관계를 유추해 볼 수 있습니다. 한 명은 노인이고 다른 한 명은 청소년이거나 청년 여성일 겁니다. 둘은 서로 잘 알고 있는 사이이며, 알고 지낸 지도 오래된 듯합니다. 낯선 곳에서 뜻밖에 만났다기보다 익숙한 공간에서 자연스럽게 만나 인사를 나누는 것 같지요. 이처럼 글을 읽는다는 것은 글자 너머의 의미를 읽는 것이기에 독해는 적극적으로 의미를 캐내고 재구성하는 활동입니다.

지금까지 아이들이 글자를 아는데도 읽어 달라고 하는 이유를 설명했습니다. 이유는 해독이 유창하지 못해서, 머릿속에서 새로운 단어를 처리하느라, 새로운 표현과 배경지식, 문장 구조에 익숙하지 않아서입니다. 어른들이 아이들에게 책을 읽어 주면, 아이들은 어른들에게 모범적인 읽기 방식을 배울 수 있습니다. 내용에 맞게 끊어 읽는 법, 정확하게 발음하는 법, 적절한 억양과 운율로 내용을 표현하는 법 등을요.

하지만 사람의 읽어 주기와 듣기는 오디오북 듣기와 근본적으로 다릅니다. 역동적인 상호작용이 이루어지기 때문이지요. 읽어 주는 이는 듣는 이의 나이, 성별, 감정, 집중도를 고려하게 됩니다. 그래서 책을 읽어 주는 이는 오디오북 성우와 달리, 책만 보지 않고 듣는 이의 눈과 표정과 몸짓을 살핍니다. 듣는 이의 이해도에 따라 읽어 주는 속도를 늦추기도 하고, 쉬운 말로 풀어 말하기도 하고, 그림을 짚어 주기도 합니다. 읽어 주는 이는 목소리뿐 아니라 비언어적인 힌트, 즉 억양이나 표정, 몸짓 등으로 의미를 전달하기도 합니다. 듣는 이는 중간에 끼어들어 말뜻이나 문장의 의미를 묻기도 하고 책의 감동과 감정을 같이 나누기도 합니다. 이런 상호작용은 글에 대한 이해, 즉 독해 능력을 향상시키는 데 큰 도움이 됩니다. 따라서 글을 알더라도 이해하기 어렵다며 읽어 달라고 하면 읽어 주는 편이 좋습니다.

2장

가정은 아이의 독서에
어떤 영향을 끼치나요?

👩 "독서교육은 어릴 때부터가 중요하다던데 집에서 무엇을 어떻게 해 주는 게 좋을까요?"

👩 "집에서 책을 읽어 주면 아이가 저절로 글자를 뗀다고 해서 많이 읽어 주었습니다. 그런데 학교에 들어가니 한글 학습지를 한 아이보다 글자도 못 읽고 받아쓰기도 더 많이 틀리네요. 허무합니다. 읽어 주는 건 아무 소용없나 봐요."

👩 "글자를 일찍 알게 되면 혼자서도 책의 세계에 빨리 입문하게 되니 더 많은 책을 읽을 수 있지 않을까요?"

🧑‍🏫 "반 아이들의 책 읽기를 위해 학부모들과 어떻게 협력하면 좋을까요? 학부모들에게 구체적인 실천 방법을 알려 드리고 싶어요."

✒️ 부모들은 독서교육이 가정에서부터 시작된다는 것을 잘 알고 있습니다. 그래서 아이가 어릴 때부터 독서교육에 관심을 기울이지요. 그런데 무엇을 어떻게 하는 것이 아이에게 진정으로 도움이 되는지 가끔 헷갈린다고 토로합니다. 블로그, 온라인 카페, 홈쇼핑 등에 정보가 넘치지만 이런 정보들이 때로는 상반된 실천 방법을 제안한다면서요. 글자 가르치기는 빠르면 빠를수록 좋다는 주장은 글자 교육은 천천히, 학교 가기 전까지만 하면 된다는 주장과 대립합니다. 유아가 책에 몰두하면 몇 시간이고 읽어 주라는 주장도 있고, 유아가 문자에 과도하게 몰입하면 뇌 발달에 해가 된다는 주장도 있습니다. 특히 한국의 유아 독서교육은 학습지 기업 등이 만드는 상업적 담론의 입김이 유난히 셉니다. 단계별·영역별로 전집을 구매하고, 학습지를 풀면서 글자를 교육하고, 방문 교사가 아이와 상호작용하도록 챙기는 것이 가정 독서교육의 코스인 것처럼요. 그러나 관련 연구를 찾아보면, 아이의 읽기·쓰기에 결정적인 영향을 끼치는 가정의 역할은 이와 좀 다릅니다. 가정은 크게 세 가지 방식으로 아이의 읽기·쓰기에 영향을 끼칩니다. 첫째는 읽고 쓰는 상황에서 아이가 양육자와 상호작용한 것, 둘째는 아이가 스스로 문자에 대해 경험한 것, 셋째는 아이가 양육자의 읽고 쓰는 활동을 관찰한 것입니다. 이 장에서는 이 세 가지 방식을 좀 더 자세히 살펴보겠습니다.

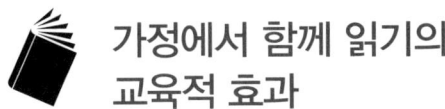
가정에서 함께 읽기의 교육적 효과

가정이 아이의 읽기·쓰기에 영향을 끼치는 세 가지 방식을 이야기하기에 앞서, 양육자와의 상호작용이 아이의 읽기·쓰기 능력 발달에 끼치는 영향에 대해 알아보겠습니다.

아이는 가정에서 부모나 조부모, 형제, 양육 도우미, 친지 등 자신보다 읽기·쓰기 능력이 나은 사람과 상호작용하면서 읽기·쓰기를 배웁니다. 이 상호작용은 크게 두 가지로 나누어지는데, 하나는 특정한 형식 없이 이루어지는 '비공식적인 읽기·쓰기 활동informal literacy activities'이고, 다른 하나는 의도적으로 읽기·쓰기를 가르치는 '공식적인 읽기·쓰기 학습 활동teaching literacy'입니다. 예를 들어, 그림책을 함께 보며 부모가 글을 읽어 주고 아이가 듣고 중간중간 대화하는 활동은 비공식적인 읽기·쓰기 활동이라고 볼 수 있습니다. 반면, 부모가 그림책에 있는 글자를 가리키며 소리 내어 읽는 걸 가르치거나, 이름 쓰는 법을 가르쳐 주는 것은 공식적인 읽기·쓰기 학습 활동이라고 할 수 있습니다. 여러 연구에 의하면 비공식적인 읽기·쓰기 활동은 어휘력 발달과 밀접한 관계가 있고, 공식적인 읽기·쓰기 학습 활동은 글자 떼기를 도와준다고 합니다.

가정에서의 비공식적인 읽기 활동 중 가장 대표적이며 효과적인 활동이 '함께 읽기shared reading'입니다. 양육자가 소리 내어 읽어 주고 아이가 듣는 활동입니다. 함께 읽기는 구어口語의 세계에 살던 아이를 문어文語의 세계로 입문하도록 도와주는 징검다리입니다. 문어로 된 책은 구어가 가진 강세나 운율, 어조를 거의 보여 주지 않습니다. 또한 구어가 상호적인 데 비해 문어는 일방적입니다. 대화할 때는 묻고 답하기가 가능하지만 글은 묻는 말에 답하지 않지요.

책 읽어 주기는 읽어 주는 이가 구어의 특징을 동원하여 문어로 된 책의 의미를 파악하도록 돕지요. 강세나 운율을 동원하여 읽어 주면서 글의 내용과 언어적 표현이 가진 의미를 듣는 이에게 전달합니다. 서로 묻고 답하기도 하고 떠오르는 생각과 느낌을 나누기도 하지요. 책을 읽으면서 나누는 구어적인 상호작용은 이후에 아이가 혼자 책을 읽을 때도 도움이 됩니다. 혼자 문어를 읽더라도 스스로 묻고 답하고 대화하며 읽을 수 있지요.

함께 읽기가 교육적으로 효과적인 이유를 자세히 살펴보면 다음과 같습니다.

첫째, 책을 읽으면 일상에서 사용되는 언어보다 다양하고 복잡한 언어를 만날 수 있습니다. 유아들이 읽는『도대체 그 동안 무슨 일이 일어났을까?』(이호백 지음, 재미마주)를 보면 매우 짧고 쉬운 문장임에도 '슬그

머니', '망설이다가', '꾀' 등의 단어를 만날 수 있습니다. 또한 책 속의 표현은 말 속의 표현과는 다릅니다. 『들꽃 아이』(임길택 지음, 김동성 그림, 길벗어린이)의 한 부분을 읽어 보지요.

> 고갯마루에 다다라 사방을 둘러보던 선생님은 마치 신선이라도 되는 듯한 기분이었습니다. 발 아래 어슴푸레한 안개에 덮인 숲과 밤하늘이 그 때만큼 친구처럼 다정하게 느껴진 적도 없었고, 빙 둘러서 있는 산들이 손에 손을 잡고 춤을 추며 선생님을 반기는 것만 같았습니다.

이 문단은 도시에서 산촌 마을로 부임돼 온 선생님이 매일 먼 길을 걸어 학교에 오는 보선이의 집을 찾아가는 과정을 그리고 있습니다. 문장을 살펴보면, 일상의 대화에서는 잘 쓰지 않는 어휘와 문어적인 표현, 복잡한 문장 구조를 볼 수 있습니다.

책에서 경험하는 언어뿐 아니라, 책을 읽으면서 나누는 대화 속 언어도 일상의 대화보다 다양하고 복잡합니다. 부모가 아이와 함께 책을 읽을 때, 함께 놀 때, 기억을 회상할 때의 대화를 비교한 연구가 있는데요.[5] 부모가 아이와 함께 책을 읽을 때 사용하는 어휘와 문장은 다른 상황에서 사용하는 어휘와 문장보다 훨씬 더 정교하고 복잡하답니다. 아이들도 다른 상황보다 책을 읽을 때 나누는 대화에 좀 더 적극적으로 참여하고 다양한 어휘를 사용하고요.

둘째, 책에서는 새로운 단어나 개념, 사건의 빈도가 높기 때문에 아이가 새로 접하는 글의 의미를 부모가 설명해 줄 기회가 많습니다. 부모는 아이와 함께 책을 읽으며 아이의 의미 파악을 돕기 위해 그림을 짚어 주거나 다른 말로 정의하거나 예시를 들어 줍니다. 질문을 하거나 직접 설명해 주기도 하지요. 이때 사용하는 언어는 아이의 눈높이에 맞춰져 있습니다. 아이와 함께 지내면서 가장 많은 상호작용을 한 양육자는 아이가 이해할 수 있는 어휘와 문장 구조를 누구보다도 잘 알기 때문입니다.

이렇게 대화를 나누면서 책을 읽어 주는 방법을 '대화 읽기dialogic reading'라고 합니다. 대화 읽기에 대한 연구를 종합하여 분석한 루이스 몰Luis Moll 등은 부모와 아이 사이에 대화 읽기가 책 읽기 효과를 더 높인다고 합니다. 특히 아이가 어릴수록(만 2~3세) 부모와의 대화가 어휘 획득과 내용 이해에 도움이 된답니다. 아이가 커 가면서(만 4~5세) 언어 능력이 향상되면 아이는 부모의 자극 없이도 책 내용이나 사건에 빠져듭니다. 그래서 때로는 책을 읽다가 중간에 끼어드는 질문이나 설명이 책 읽기의 흐름을 방해한다고 합니다.[6]

따라서 아이가 커 갈수록 부모는 아이에게 대화의 주도권을 넘겨 주는 것이 좋습니다. 자극하기보다 반응하는 대화를 하는 것이 중요하지요. 부모는 먼저 질문을 하기보다 아이가 책을 읽다가 던진 말에 민감하게 반응해 줍니다. 아이의 질문에 답하고 아이가 설명을 요구하면 설명도 해 줍니다. 아이가 자신의 느낌이나 생각을 이야기하면, 무엇 때문에 그렇게 생각하는지 어느 부분에서 그런 생각을 하게 됐는지 물어봅니다.

가정의 양육자는 1대 다수로 책을 읽어 주는 교사와는 달리 1대1로 책을 읽어 주기 때문에, 아이가 상상하고 말하고 묻고 싶은 것을 마음껏 이야기할 수 있습니다. 앞서 말했듯 읽어 주되 대화하지 않는 오디오북이나 컴퓨터 프로그램, 로봇은 양육자와 함께 볼 수는 있겠지만 양육자의 읽어 주기를 대신할 수 없습니다. 최근에 출판된 그림책에는 본문 마지막에 내용 확인이나 의미 확장을 위한 질문이 있는 경우가 많습니다. 특히 학습을 강조한 책에서 그런 질문지를 많이 볼 수 있는데, 이는 부모가 대화 읽기를 할 때 참고할 사항일 뿐이니 무조건 따를 필요는 없습니다. 질문에 답하느라 아이가 읽기를 귀찮아하거나 싫어하게 된다면 오히려 독이 될 가능성도 있습니다. 대화는 퀴즈나 강의 혹은 훈계와 구분되어야 하지요.

셋째, 어린아이들은 가정에서 양육자와 반복적으로 책을 함께 읽으며 자연스럽게 새로운 어휘를 자기 것으로 만들 수 있습니다. 청소년과 어른은 보통 한 권의 책을 한 번 읽고 특별한 경우에 반복해 읽는 반면, 어린아이들은 자기가 좋아하는 책을 읽고 또 읽는 걸 좋아하지요. 게다가 어린이책에는 어휘나 구절이 되풀이되는 경우가 많습니다. 아이들은 어휘나 지식을 반복적으로 접할 때 더 잘 기억하기 때문에, 집에 있는 책을 반복해서 읽으면 어휘를 자기의 것으로 소화하기 쉽습니다. 그래서 까막눈인데도 좋아하는 책은 빽빽한 책장에서도 귀신처럼 찾아내고 본문을 달달 외우기도 하지요.

또한, 어휘나 지식은 단어를 각각 만날 때보다 그 단어가 쓰인 문장이나 이야기로 만날 때, 즉 맥락 속에서 만날 때 의미를 잘 이해하고 더 오랫동안 기억할 수 있습니다. 지금은 학교에서 거의 사라졌지만 1970~1980년대에는 영어 단어를 연습장에 한가득 쓰며 외우는 빽빽이 숙제가 유행했지요. 손이 아프도록 쓰면서 외웠지만 시험만 끝나면 단어는 기억에서 금방 사라졌지요. 그렇게 외운 단어는 영어 문장으로 활용하기도 어려웠고요. 맥락 없이 단어만 외우는 방식은 다양한 해석을 필요로 하는 언어 학습에 효과적이지 않습니다. 반면, 어린이책은 어휘와 표현이 문장이나 이야기의 맥락에 담겨 있기 때문에 단어 카드나 문제집보다 어휘 습득에 효과적입니다.

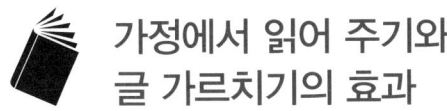# 가정에서 읽어 주기와 글 가르치기의 효과

함께 읽기가 가정에서의 비공식적인 읽기·쓰기 활동이라면, 공식적인 읽기·쓰기 학습 활동은 책뿐 아니라 문자를 접하게 되는 여러 일상에서 이루어집니다. 간판 등 일상에서 접할 수 있는 인쇄물을 보며 글자를 알려 준다거나 플래시 카드, 학습지를 가지고 글자 읽기·쓰기를 가르쳐 주기도 하지요. 특히 한국에서는 글자 떼기가 가정의 몫으로 여겨졌습니다. 다행스럽게도 2015 개정교육과정부터 한글교육이 55차시로 늘어났습니다. 학교에 들어와서도 한글을 배우고 깨칠 수 있도록, 과거보다는 2배 이상 시간을 할애했습니다. 그럼에도 불구하고 많은 부모들은 초등학교 입학 전에 글자를 가르칩니다. 한국만큼 글자 떼기 학습지와 방문 수업이 대규모로 이루어지는 나라는 세계적으로 찾아보기 어렵지요.

가정에서의 읽기·쓰기 활동이 아동의 언어 발달에 끼치는 영향을 연구한 모니크 세네샬Monique Sénéchal은 가정에서의 공식적인 읽기·쓰기 학습 활동과 비공식적인 읽기·쓰기 활동이 학교에 들어간 후에 어떤 효과를 나타내는지 장기적으로 연구했습니다.[7] 유치원 연령대의 경험이 초등학교 1, 4학년 때의 독해력에 끼치는 영향을 추적한 결과는 매우 흥미롭습니다.

우선 가정에서 아이가 경험한 읽기·쓰기 활동 유형에 따라 집단을 넷으로 나누었습니다. 글을 많이 가르치고 많이 읽어 준 '많이 가르치기-많이 읽어 주기' 집단, 글을 많이 가르치고 적게 읽어 준 '많이 가르치기-적게 읽어 주기' 집단, 글을 적게 가르치고 많이 읽어 준 '적게 가르치기-많이 읽어 주기' 집단, 글을 적게 가르치고 적게 읽어 준 '적게 가르치기-적게 읽어 주기' 집단으로요. '많이 가르치기-많이 읽어 주기' 집단은 유치원 때부터 초등학교 4학년 때까지 지속적으로 높은 읽기 유창성과 독해력을 보입니다. 반면, '적게 가르치기-적게 읽어 주기' 집단은 낮은 읽기 유창성과 독해력을 유지하고요. 이는 우리가 상식적으로 충분히 예상할 수 있습니다.

재미있는 결과는 '많이 가르치기-적게 읽어 주기' 집단과 '적게 가르치기-많이 읽어 주기' 집단에서 나타납니다. '많이 가르치기-적게 읽어 주기' 집단은 유치원생과 초등학교 1학년생을 대상으로 한 읽기 검사에서 높은 점수를 받았습니다. 반면, '적게 가르치기-많이 읽어 주기' 집단은 유치원 때와 초등학교 1학년 때 평균 이하의 독해력을 가집니다. 그러다가 4학년이 되면 상황이 역전됩니다. '많이 가르치기-적게 읽어 주기' 집단의 독해력은 급격히 떨어져 평균 이하가 되고, '적게 가르치기-많이 읽어 주기' 집단은 독해력이 높아져 평균 수준이 됩니다.

읽어 주기의 효과는 당장에 나타나지 않고 매우 천천히 장기적으로 나타난다는 걸 알 수 있습니다. 풀어 말하면 부모가 책을 거의 읽어 주지 않고, 학습지로 글자를 뗀 아이는 저학년 때는 읽기에 두각을 나타내지만 고학년에 올라가면 독해력이 급격히 떨어질 가능성이 높습니다. 반면, 글자를 특별히 배우지 못했더라도 부모와 함께 책을 많이 읽은 아이는 저학년 때는 뒤처지더라도 고학년이 되어서는 독해력이 높아져 평균 수준은 유지할 수 있게 됩니다. 이 결과는 부모의 교육 수준과 관계없이 동일했습니다.

세네샬은 이러한 결과가 나온 이유를 다음과 같이 유추합니다. 우선 부모와 함께 책을 읽은 경험이 많은 아이들은 책 읽기의 즐거움을 자주, 그리고 오래도록 경험할 가능성이 높습니다. 따라서 스스로 책을 읽을 수 있는 시기가 되었을 때 읽기를 즐겨 할 가능성도 높아집니다. 부모가 책을 많이 읽어 준 아이들 중 글자 읽는 법을 본격적으로 가르쳐 준 아이들은 읽기 독립 시기가 좀 더 빨라지기 때문에 초등학교 1학년 때부터 읽기 능력이 향상됩니다. 반면, 많이 읽어 주었으나 글자 읽는 법을 본격적으로 배우지 못한 아이들은 읽기 독립을 할 때까지 시간이 좀 더 오래 걸립니다. 글자 해독에 애를 더 쓰기 때문이지요. 그러나 이 아이들이 해독을 좀 더 자동적으로 할 수 있는 능력이 되면 스스로 열정적인 독자가 될 가능성은 높아집니다.

또 다른 이유는 이렇습니다. 많이 읽어 준 집단의 아이들은 유치원 때부터 그렇지 않은 집단보다 높은 어휘력을 갖습니다. 어휘는 듣거나 보고 이해하는 '이해 어휘'와 말하거나 쓸 수 있는 '표현 어휘'로 나뉩니다. 책 읽어 주기는 이해 어휘의 확장과 밀접한 관련이 있습니다. 특히 부모가 책을 읽어 주는 걸 아이가 듣기 때문에, 들어서 알게 된 이해 어휘 수가 아주 많지요. 한국에서 이루어진 연구에서도 책 읽기 활동은 이해 어휘력과 청각 기억 능력을 높인다고 말합니다.[8] '많이 가르치기- 많이 읽어 주기' 집단의 아이들은 높은 어휘 이해력과 독해력이 어릴 때부터 발휘됩니다. '적게 가르치기- 많이 읽어 주기' 집단의 경우 해독이 자동화될 때까지 시간이 걸리지만, 이후에는 어릴 때부터 축적되었던 어휘력이 발현되어 독해력이 급상승하게 된다는 겁니다.

지금까지 가정에서 양육자와 아이의 상호작용이 아이의 읽기 능력에 끼치는 영향에 대해 살펴보았습니다. 자연스럽게 문자를 접하는 일상적인 상황에서 글자를 가르치는 것은 아이의 읽기 독립을 수월하게 해 준다는 점에서 필요합니다. 단, 적절한 시기에 적절한 도움을 주는 것이 중요하지요. 아이가 글자에 관심을 갖기 시작하고, 알려고 하며, 스스로 읽으려고 하거나 쓰려고 할 때 말이지요. 연구에서 밝혀진 것처럼 글자 떼기 중심으로 글을 배우면 당장은 읽기를 잘하지만 시간이 지날수록 독해력이 떨어질 가능성이 있습니다. 단기적으로는 글자를 떼기 위해 학습지 교육을 받은 아이들이 높은 읽기 능력을 보이지만, 장기적으로는 양육자가 책을 읽어 주며 많은 이야기를 나눈 아이들의 읽기 능력이 글자 떼기 중심의 문자 학습을 한 아이들을 훨씬 앞서 나갑니다.

즐겁게 책을 읽어 주는 것, 책을 읽으면서 아이의 말과 표정에 민감하게 반응하며 대화하는 것, 아이가 글자를 알더라도 읽어 주기를 그만두지 않는 것은 매우 중요합니다. 아이와 함께 즐겁게 책을 읽는 경험은 당장 드러나지 않지만 어휘와 독해, 책에 대한 태도 등에 매우 강력하고 지속적인 영향을 끼치기 때문이지요. 지금까지 가정에서 이러한 경험이 많지 않았다면 이제라도 시작하면 됩니다. 조금 천천히 가더라도 포기하지 않고요.

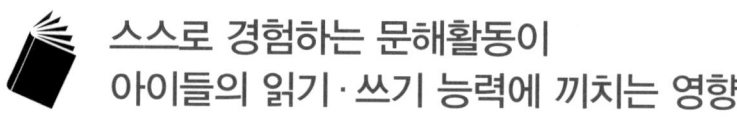
스스로 경험하는 문해활동이
아이들의 읽기·쓰기 능력에 끼치는 영향

글자를 모르는 아이들이 누군가의 도움을 받지 않고 스스로 글을 깨치고 쓰는 건 거의 불가능합니다. 그러나 태생적 실험왕인 아이들은 나름의 방식으로 문자를 가지고 놀면서 스스로 문자의 세계를 탐색합니다. 글자를 읽지 못하면서 읽는 척하거나 그림책의 그림을 보면서 종알거리거나 글자 쓰기 흉내를 내면서 말이지요. 누군가 문자의 규칙을 가르쳐 주더라도, 문자의 세계에서 스스로 충분히 놀아 보는 경험은 필요합니다. 가령 피아노를 배울 때, 피아노를 가지고 놀면서 건반을 두드려 천둥소리를 만들어 보거나 나름대로 악보의 규칙을 알아내거나 피아니스트의 연주를 흉내 내듯이요. 강습과 숙제에만 머물지 않고 새로 알게 된 세계를 흉내 내고 그것을 소재로 놀아 보는 건 아이들에게 아주 자연스럽습니다. 놀 시간도 없이 바쁜 학습 일정에 매여 있거나 놀이를 수업처럼 억지로 시키지 않는다면 말이죠.

아이들이 스스로 경험하는 읽기·쓰기 활동 중에 대표적인 것이 글자 만들어 쓰기입니다. 눈으로 익혔던 글을 흉내 내어 써 보는 거지요. 글자라고 보기 어려운 그림이나 낙서로부터 글자의 형태를 갖추기까지 온갖 실험과 실수와 발견이 이루어집니다. 이를 지켜보는 어른에게는 아이의 기발한 글자에 신기해서 놀라기도 하고, '아직 이것도 모르나?' 실망해서 놀라기도 하는 시간이지요. 'ㄹ'이나 'ㄱ'이 90도로 돌아눕기도 하고 '이준수'가 '10준수'가 되기도 합니다.

글자의 소리는 알지만 정확하게 쓸 줄은 몰라서 만들어 내는 글자를 '발명된 철자invented spelling'라고 합니다. 아이가 발명된 철자를 쓰기 시작하면 부모는 흔히 이를 내버려 두지 않고 맞춤법의 원칙을 기초부터 체계적으로 가르치려고 합니다. 그러나 아이가 글자를 스스로 조합하는 시도를 할 수 있도록 내버려 두는 것은 오히려 글자를 제대로 익힐 수 있는 좋은 토대가 됩니다. 이와 관련된 재미있는 연구가 있습니다. 우선 글을 읽지 못하는 유치원생들을 세 집단으로 나눕니다. 첫 번째 집단에게는 음소를 인식하는 법을 가르치고(예를 들어, 'cat'은 c+a+t의 음소로 구성됨.), 두 번째 집단에게는 적혀 있는 글자를 보고 따라 쓰도록 가르치고, 마지막 집단은 아이들이 나름대로 철자를 고안해서 쓰고 이에 대해 개별적으로 피드백을 주었습니다. 4주 동안 제각기 교육을 받게 한 뒤 아이들에게 새로운 단어를 보여 주면서 읽어 보라고 했습니다. 새로운 단어를 가장 잘 읽어 낸 아이들은 어떤 집단이었을까요? 스스로 발명한 철자를 약간씩 수정해 주었던 마지막 집단이었습니다. 글자를 배우고 따라 쓰기를 연습한 아이들보다 새로운 단어에 대한 도전 정신이 강했던 거지요. 연구자들은 아이들이 철자를 발명하면서 소리와 글자를 연결 짓고 분석하고 활용하는 자기 나름의 틀을 갖게 되었다고 설명합니다.

제 아이가 다니던 유치원에서는 한글 학습 시간이 없었습니다. 다수의 유치원이 한글 학습지 시간을 별도로 갖고 문자 교육을 하기에, "우리 유치원은 한글 공부에 좀 무심하다. 한글을 좀 더 체계적으로 가르쳐서 취학 준비를 해 주었으면 좋겠다."는 학부모의 원성이 없지 않았습니다. 그러나 교사들은 문자 교육에 무관심했던 게 아니라, 오히려 아이들의 언어 발달에 지대한 관심을 가지고 있었습니다. 아이들에게 말과 글이 필요한 상황을 자주 만들어 주는 데 초점을 맞추었지요. 문자에 대한 공식적인 학습보다는 비공식적 상황을, 인위적인 학습 상황이 아니라 자연스러운 소통의 맥락을 만들어 주는 데 집중했습니다. 그래서 한글 학습지 시간을 갖기보다 책 읽어 주기, 자유롭게 그림책 보는 시간 주기, 쪽지나 카드 쓰기 등 아이들이 유치원 생활을 하며 자연스럽게 글과 친해질 수 있는 상황을 많이 만들어 주었습니다. 특히 어버이날이나 크리스마스, 학예회, 생일잔치 등 다양한 행사 때에는 아이들이 스스로 카드를 만들어 내용을 적도록 했는데요. 글을 모르는 아이들은 그림이든 글자든 알아서 카드를 꾸미도록 했습니다. 한 달에도 몇 번씩 돌아오게 되는 친구의 생일에는 친구에게 주고 싶은 선물을 그림과 글로 표현하게 했습니다. 모르는 글자를 물어 오면 아이들끼리 서로 가르쳐 주게 하고, 선생님에게 물으면 친절히 답해 주었습니다. 그러나 미리 정해 글자를 따라 쓰게 한다거나 억지로라도 그럴듯하게 글을 쓰도록 아이들을 압박하지는 않았습니다. 앞의 연구에서와 같이 스스로 발명한 철자를 쓸 수 있는 기회를 충분히 준 셈입니다. 그것도 자연스러운 소통의 맥락 속에서요. 새로운 글자를 쓸 때마다 이리저리 고민했지만 철자가 틀릴까 봐 쓰기를 겁내는 일은 없었지요. 친구들과 주고받은 쪽지 뭉치들이 유치원 가방에 가득 차서, 가방을 정리할 때면 서로 실랑이가 벌어졌어요. 저는 중요한 쪽지만 남기고 없애자고, 아이는 모두 다 소중하니 영원히 간직할 거라고 말이죠.

아이들이 주도해서 언어를 탐색할 수 있는 또 다른 방법은 놀이입니다. 가정에서 언어 발달을 도울 수 있는 놀이는 생각보다 간단합니다. 아이들이 자유롭게 쓰고 그릴 곳을 마련해 주는 것이 첫 단추입니다. 아이들이 마음대로 끼적거릴 수 있는 이면지나 칠판 등을 집 안 한쪽에 마련해 두고 언제든 내키는 대로 그려 보고 써 보도록 하는 겁니다. 아이들은 자기가 좋아하는 공룡이나 차, 로봇, 인형, 동물, 가족을 그리기도 하고 간단한 단어로 제목이나 곁다리 설명을 붙이기도 합니다. A4 종이 3~4장을 반으로 접고 접힌 부분을 스테이플러로 찍어 주면 간단한 책 형태가 되는데, 여기에 자유롭게 쓰고 그려 아이가 원하는 책을 만들어 보는 것도 좋습니다. 아이가 글을 모른다면 그림만 그리고 글은 어른이 받아 적어도 좋고요.

한글 자음과 모음으로 된 자석 또한 아이들이 마음대로 가지고 놀며 문자를 탐색할 수 있는 장난감입니다. 부모가 집안일을 하는 동안 아이는 냉장고에 자석을 붙여 가며 아는 글자를 조합하고 메시지를 만들도록 해도 좋습니다.

아이들이 좋아하는 '역할 놀이'도 초기 언어 발달에 매우 큰 도움을 줍니다. 역할 놀이는 아이들이 스스로 이해한 방식으로 세계를 다시 구현하는 놀이입니다. 언어를 일정한 장면 속에서 사용하며 상황과 역할에 어울리는 말과 글을 탐색하는 좋은 기회가 되지요. 역할 놀이를 통해서 아이들은 서로의 언어적·비언어적 의사를 읽고, 자기 역할에 맞는 언어와 표정, 행동을 표현하며, 이야기를 만들면서 서사 구조를 익힙니다. 특히 역할 놀이에 필요한 읽을거리나 쓸거리를 소품으로 사용하면 문자가 어떤 상황에서 어떤 소통을 위해 사용되는지 알게 되지요. '가게 놀이'를 하면서 간판을 붙이고, 물품 이름과 가격표를 쓰고, 할인 전단지를 만드는 것도 그런 예가 될 수 있겠지요. 어른들이 주도할 필요 없이 아이들이 놀이를 하고 있을 때, 이면지와 쓸거리, 가위, 풀 그리고 필요하다면 약간의 아이디어를 주는 것으로 충분합니다. 아이에게 작은 역할을 달라고 하여 조수가 되는 것도 좋고요.

철자 발명하기

가정에서 철자를 발명할 기회를 주는 활동입니다. 아이에게 철자가 틀려도 좋으니 자신 있게 써 보라고 하세요. 아이가 자주 틀리는 글자는 한 번에 조금씩 가르쳐 주면 됩니다. 문제지에 글자를 따라 쓸 때와 달리, 아이는 생활에서 자신의 글이 가족의 소통을 위해 의미 있게 사용되는 경험을 하게 됩니다.

■ 생활에 필요한 목록 만들기

냉장고에 종이를 붙여 놓고, 아이가 먹고 싶은 반찬이나 간식을 써 달라고 합니다. 오늘의 메뉴, 같이 볼 TV 프로그램, 냉장고에 있는 재료 등도 좋습니다. 저는 설거지 같은 집안일을 하면서, 아이더러 제가 장 볼 목록이나 할 일 목록을 적어 달라고 했습니다. 그리고 아이가 써 준 목록을 들고 장을 보러 나갔지요.

■ 릴레이 쪽지 쓰기

아이에게 짧게 쪽지를 쓰고, 그 아래 답장을 써 달라고 합니다. 아이의 수저통, 가방, 알림장 등에 쪽지를 넣어 둡니다. 예를 들어, 쪽지에 "엄마는 네가 ~라고 말해 줄 때 제일 기분이 좋아. 너는 엄마가 뭐라고 말해 주면 기분이 좋아지니? 답장 부탁해."라고 씁니다. 속상한 일, 자랑스러운 일, 부탁할 일, 축하할 일을 서로 쪽지로 전해 봅니다.

■ 쪽지 찾기 놀이

아이가 써 놓은 쪽지를 찾아다니는 놀이입니다. 쪽지에는 다음 쪽지를 찾을 수 있는 힌트를 적습니다. 마지막 쪽지에는 재미있는 지시나 부탁을 적습니다. 어른이 몇 번 시범을 보여 주면, 아이도 따라서 쪽지를 만들 수 있습니다. 예를 들면,

1번 쪽지: "식탁 의자 위를 보시오."
2번 쪽지: (식탁 의자 위에) "치약 옆을 보시오."
3번 쪽지: (치약 옆에) "아빠 운동화 안을 보시오."
4번 쪽지: (운동화 안에) "개다리 춤을 추시오."

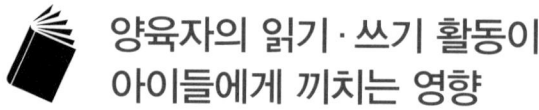

양육자의 읽기·쓰기 활동이 아이들에게 끼치는 영향

 마지막으로 양육자의 읽기·쓰기 활동이 아이들에게 끼치는 영향을 살펴보겠습니다. 누군가 "독서교육이 별 거 있나? 부모가 책을 읽으면 아이도 저절로 따라 읽더라."라고 이야기한다면, 그 사람은 앨버트 밴듀라Albert Bandura가 주장한 사회학습이론의 관점에서 독서교육을 본 것입니다. 아이들이 어릴 때는 가정에서 양육자의 행동을 관찰할 기회가 많고 양육자와 강한 애착 관계를 형성하기 때문에 양육자의 행동은 아이들에게 가장 영향력 있는 모델이 됩니다. 세네샬의 연구에 의하면,[9] 독서를 즐기는 부모와 아이의 어휘력과 독해력은 밀접한 상관관계가 있습니다. 특히 부모의 교육 수준과 상관없이 부모가 스스로 독서를 즐기면 아이의 언어 발달에 긍정적인 영향을 줍니다. 독서를 즐기는 부모는 아이에게 책 읽는 모습을 자주 관찰할 수 있게 하는 본보기가 됩니다. 그리고 아이에게 책을 읽어 주거나 책에 대한 이야기를 할 때도 독서를 즐기지 않는 부모와는 다른 방식으로 접근합니다. 이들은 아이에게 주도성이나 즐거움 등 독서의 내적 동기를 좀 더 강조하는 경향이 있습니다.

가정의 도서 보유 환경과 아동의 읽기 성적을 비교한 연구도 있습니다. 25개국 초등학교 4학년생의 가정 환경과 국제 읽기 능력 평가 결과의 관계를 분석한 박현준은 부모와 아이의 가정에서의 책 보유량은 읽기 능력과 깊은 관련이 있다고 합니다.[10] 자신과 아이의 책을 구비하는 데 일정한 지출을 하는 부모는 책을 가치 있게 여기고 스스로도 책을 좋아하며 아이에게 책 읽는 모습을 많이 보여 줄 가능성이 높기 때문이지요. 사회경제적으로 볼 때 소득 수준이 높은 가정이 그렇지 않은 가정보다 일반적으로 책 보유량이 많을 수밖에 없습니다. 하지만 한국의 저소득층 가정을 연구한 신혜영 외는 같은 저소득층 내에서도 가정의 책 보유량, 독서에 대한 부모의 긍정적인 태도, 부모의 책 읽어 주기 등이 아이의 어휘력과 밀접한 관계가 있다고 합니다.[11]

양육자의 독서 행위가 아이들에게 끼치는 영향은 확률적으로 높지만 모든 아이들이 양육자의 행동을 똑같이 따라 하지는 않습니다. 부모와 교사가 본을 보이는 대로 아이들이 저절로 따라 준다면, 아이들을 키우는 데 무슨 힘이 들고 무슨 걱정이 있겠습니까? 아이들은 선택적으로 모델링을 합니다. 인간은 기계가 아니기에 그렇습니다. 물리학의 연구 결과에서 기대하는 예외 없는 정확성을 교육학에서 기대할 수 없는 이유는 바로 이런 인간의 특성 때문이지요.

모델링은 다른 사람의 행동을 관찰하고 비슷하게 따라 한다는 점에서 모방과 같습니다. 그러나 모델링은 모방과 달리, 행동을 따라 하는 추종자가 모델의 행동을 따라 할 것인가, 말 것인가를 선택합니다. 그리고 모델과 비슷한 결과를 갖고 싶다는 기대를 하고 그를 위해 모델과 같은 행동을 합니다. 아이들이 어릴 때는 부모와 손위 형제들의 행동을 단순히 모방하지만 자아가 생기면 모방을 넘어 모델링을 하게 됩니다. '엄마처럼 하루 할 일 목록을 적어 놓으니 실수가 없더라. 나도 그렇게 따라 해서 허둥대는 일이 없도록 해야지.', '도서관을 자주 가는 애들을 보니 아는 책이 많네. 나도 도서관을 좀 다녀 볼까?', '책만 파던 큰아버지는 현실성이 너무 떨어지시네. 책에 너무 빠지면 안 되겠어.', '논술 때문에 나만 책 읽으라고 하고 엄마는 책을 한 권도 안 읽네. 책 읽기가 성적에는 필요해도 사는 데는 도움이 안 되나 봐.' 이처럼 모델링에는 판단, 기대, 욕망, 선택, 행동 등 추종자의 사고와 감정이 동원됩니다. 부모의 읽기·쓰기 활동이 자녀에게 가장 가까운 모델이 될 가능성은 높지만 어떻게 판단하고 취사선택할 것인가는 전적으로 아이에게 달려 있지요.

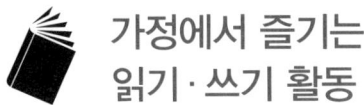
가정에서 즐기는 읽기·쓰기 활동

지금까지 가정이 아이의 읽기·쓰기 활동에 끼치는 영향에 대해 살펴보았습니다. 소개된 연구들을 종합하여 양육자가 가정에서 하면 좋을 읽기·쓰기 활동의 구체적인 실천 방법을 알아보지요. 영국의 가족 문해력 프로젝트인 'REAL Raising Early Achievement in Literacy 프로젝트'가 대표적인 예입니다.[12] 쉐필드 대학의 연구팀과 지역사회가 함께한 이 프로젝트는 아이의 언어 발달을 위해 부모가 할 수 있는 역할을 네 가지로 나누어 제시합니다. '기회 주기 Opportunity', '인정하기 Recognition', '상호작용하기 Interaction,' '본보기 되기 Models'가 그것입니다. 이들 각 역할의 첫 글자를 따서 'ORIM' 활동이라고 이름 붙였습니다.[13]

여기서는 아이들의 언어 발달을 위해 부모가 할 수 있는 구체적인 실천 방법을 글자와 맞춤법 익히기, 받아쓰기, 책 읽기, 논술 대비 등으로 국한하지 않습니다. 보다 넓고 다양한 사회적 행동 속에서의 읽기·쓰기 활동을 제안하지요. 글은 누가, 무엇을, 어떤 의도로 읽고 쓰는가의 문맥을 가지고 있습니다. 글자를 읽고 쓰는 행위 자체는 의미를 만들지 못하기 때문이지요. 단어 카드에 적힌 단어를 익히는 것은 '소통'을 위한 어떤 의미도 만들지 않지만, 거리를 지나면서 본 간판과 슈퍼마켓 전단지, 박물관의 안내문, 책 속의 이야기, 기도문은 의미를 만듭니다. 사회 속에서 사용되는 글은 각기 다른 목적과 독자를 내포합니다. 예를 들어, 단어장의 '사과'라는 단어는 목적과 독자가 없습니다. 그러나 슈퍼마켓 전단지의 '사과'는 할인하는 품목을 알리려고(목적) 잠재적 소비자(독자)에게 홍보하는 의미를 생성합니다. 알림장의 준비물 목록에 적힌 '사과'는 내일 수업에 필요한 준비물을 잊지 않도록(목적) 아이와 부모에게(독자) 알리는 의미를 만들어 냅니다. 가정에서의 일상은 아이들이 사회적인 행동 속에서 문자를 경험할 수 있는 첫 번째 기회이자 가장 좋은 기회입니다. 그렇기에 양육자는 문맥과 소통이 없는, 문제 풀이를 대비한 문자 공부로 가정에서의 읽기·쓰기 활동을 축소하지 말아야겠지요.

아이의 언어 발달을 돕는 활동

■ 기회 주기

인쇄물이나 생활 속에서 만날 수 있는 다양한 문자와 기호를 읽고 쓰고 이야기할 수 있는 기회를 마련해 줍니다.

- 집 안 한쪽에 그리기나 쓰기 활동을 위한 재료 준비해 놓기
- 역할 놀이 권하기
- 일상에서 흔히 접할 수 있는 인쇄물(예를 들어, 간판, 표지판, 광고, 신문, TV 자막 등)을 보여 주고 의미를 해석하도록 도와주기
- 말 놀이, 동시, 동요를 들려주거나 함께 즐기기
- 그림책이나 동화책을 읽을 수 있는 시간과 공간 만들어 주기
  (예를 들어, 책 읽어 주기, 아이를 위한 책꽂이 만들어 주기, 도서관이나 서점 데려가기 등)
- 나들이나 여행지, 휴가지에서 말하고 읽고 쓸 수 있는 기회를 더 많이 마련해 주기

■ 인정하기

아이들이 보여 주는 초기 읽기·쓰기 능력을 인식하고 이를 가치 있게 여겨 줍니다.

- 아이들이 책을 읽을 때 칭찬하기
- 아이들이 쓰거나 그린 것을 냉장고나 벽 등에 전시하기
- 전시한 작품 중 뛰어난 것들을 골라 파일에 정리하고 함께 읽어 보기
- 조부모 등 가까운 친지들이 집을 방문할 때 아이들의 작품 보여 주기

■ 상호작용하기

조금이라도 더 나은 읽기·쓰기 능력을 가진 사람과 일상 속에서 언어적 소통을 주고받습니다.

- 아이들이 의미 있게 참여할 수 있는 일상적인 일 함께하기
  (예를 들어, 생일 카드에 이름이나 자신의 표시를 적기, 장 볼 목록 작성 돕기, 가게에서 물건 찾는 것 도와주기, 부모가 읽는 책의 책장 넘기기 등)

- 어떤 일이나 작업을 할 때 아이들에게 보여 주고 설명해 주기
- 아이들에게 단어나 표현의 의미, 맞춤법, 글의 양식, 사전 찾는 법 등을 의도적으로 가르치기
- 단어·글자·소리 게임하기
- 역할 놀이 함께하기
  (예를 들어, 학교 놀이의 학생, 가게 놀이의 손님 등)
- 책을 읽고 이야기 나누기
- 가정의 규칙이나 의논거리로 가족회의 하기

■ 본보기 되기

일상적인 가족의 사회 활동, 즉 지역사회 및 직장에서 어른들이 문자를 어떻게 사용하는지 아이들이 관찰하도록 합니다.

- 책, 신문이나 잡지 읽기
- 낱말 맞추기나 십자 퍼즐하기
- 메모하기, 할 일 목록 적기
- 요리법대로 요리하기
- 설명서를 읽으며 가구를 조립하거나 장비 만들기
- 가정통신문 읽고 답하기
- 편지나 서식(예를 들어, 가입 신청서, 참가 신청서, 설문지 등) 쓰기
- 제품 평, 영화 평, 독서록 등 리뷰 쓰기
- 독서모임 하기
- 가방에 책 가지고 다니기
- 종이 사전이나 디지털 사전 찾기

• 3장 •

전집과 필독도서를
꼭 읽혀야 하나요?

"창작, 전래, 명작, 위인인물, 자연관찰, 원리과학, 수학, 역사, 한자, 영어 등. 유명한 육아 사이트나 카페, 홈쇼핑에서까지 아이의 발달 단계에 맞추어 전집을 읽어 두는 게 필수라던데 그렇게 읽는 게 좋은 건가요? 아이들이 크면서 반드시 읽어야 할 분야의 책이 정해져 있나요?"

 "아이들에게 읽고 싶은 책을 골라 오라고 하면 몇 가지 종류의 책으로만 우르르 몰려가요. 제가 보기에 영 아닌 것 같은 책만 골라 오는 아이도 있고요. 좋은 책을 소개해 주고 싶은 마음도 있고, 교장 선생님도 부탁하셔서 여러 단체의 추천 도서를 참고해 목록을 만들었어요. 그런데 목록에 있는 책에 대한 아이들의 반응이 썩 좋지 않아요. 어떤 책을 추천해 줘야 할까요?"

첫 번째 질문은 학부모에게, 두 번째 질문은 교사나 사서에게 자주 듣게 됩니다. 두 질문은 아이의 발달과 성장 과정에 맞는 책을 어른이 어떤 기준으로 선정하면 좋을지에 대한 고민이라는 공통점이 있습니다. 또한 이 두 질문은 아이가 읽을 책을, 아이가 아닌 어른이 고른다는 가정을 숨기고 있습니다. 교육자로서 어떤 책이 어떤 점에서 좋은가, 아이에게 좋은 책을 어떻게 읽힐까, 하는 고민은 반드시 필요합니다. 그러나 이 고민은 어른이 좋은 책을 다 골라 주는 것만으로는 해결되지 않습니다. 예를 들어, 하루 세 끼 영양가 있는 급식만 먹이다가 자취하라고 독립시키면 아이 스스로 균형 있는 먹거리를 꾸릴 수 있을까요? 성장과 생활을 위해 어떤 영양소가 필요한지, 어디서 어떻게 장을 보는지, 어떤 재료와 도구로 요리를 하는지 배워야지요. 요리하는 법을 가르쳐 주지 않고 요리하는 과정을 자세히 보여 준 적도 없고 연습 삼아 만드는 걸 지켜봐 주지도 않고 내버려 두면 아이는 라면으로 매일 끼니를 때우기 십상일 겁니다.

저는 앞의 두 질문을 이렇게 바꾸고 싶습니다. "아이가 스스로 책을 고를 수 있도록 어떻게 도와줄까요?"라고요. 이 장에서는 아이들이 스스로 책을 선택하는 것의 중요성과 스스로 책을 찾아갈 수 있는 기회를 어떻게 마련해 줄 수 있는지에 대해 이야기하려 합니다.

전집 읽기는
한국 아이들만의 독특한 독서 경험이다

　한국출판문화산업진흥원의 「2018년 출판산업 실태조사」에 따르면, 2017년을 기준으로 아동도서의 단행본 매출 추정치는 약 1,367억 원인 데 비해, 전집 매출은 약 5,090억 원입니다. 약 3.7배의 차이가 나지요. 예전보다 차이가 더 벌어지고 있습니다.[14] 통계는 한국 아이들이 전집을 읽는 비율이 매우 높다는 걸 보여 줍니다. 그런데 '전집 읽기'는 한국 아이들만이 갖는 독특한 독서 경험 중 하나입니다. 많은 아이들이 서점에서 읽고 싶은 책을 몇 권씩 골라서 사기보다 집에 택배 상자로 배달된 전집을 시리즈별로 읽는다는 거지요. 전집을 주로 읽는 아이들은 자기 책을 자기가 골라서 사 본 경험이 별로 없습니다. 부모 또한 아이에게 어떻게 책을 고르는지 가르쳐 주지 못했거나 모델이 되지 못했을 가능성이 높지요. 아이가 책을 고르는 과정을 옆에서 살펴보며 이야기를 나눈 경험도 적고요.

아이들의 교육에서 독서가, 특히 유아기 가정 독서의 중요성이 강조되면서 독서교육에 대한 부모의 부담감이 예전보다 커졌습니다. 전집은 단행본에 비해 상대적으로 저렴합니다. 연령별·단계별로 읽을 책이 잘 정리되어 있고, 빠지는 분야 없이 골고루 구성되어 있으며, 일일이 고르지 않아도 되기 때문에 책 선택에 신경이 덜 쓰인다는 편리함이 있습니다. 또한 학교 교육과정에 참고하기 좋은 책으로 구성되어 있어 학습 효과가 높을 것 같고, 관리 교사가 있는 경우도 있어 아이의 책 읽기 진행 상황을 점검할 수 있기 때문에 많은 부모들이 선호합니다. 전집 전문 출판사는 풍부한 자본력과 인력을 바탕으로, 많은 투자 비용과 오랜 준비 기간을 가지고 좋은 시리즈물을 번역하거나 기획하여 출판하는 경우가 많습니다. 때문에 전집 전문 출판사는 단행본 출판사에 비해 대부분 규모가 큽니다. 그런데 전집 판매는 아이들의 독서교육과 관련하여 한 가지 문제를 갖고 있습니다. 수십 권의 책을 묶음으로 구성하여 판매하기 때문에 전집의 낱권 구매가 거의 불가능하다는 점입니다. 그래서 전집 중에 한두 권만 마음에 드는데도 그것만 따로 살 수 없고, 몇십만 원을 주고 몇십 권짜리 세트를 사야만 합니다.

한국에서 번역돼 전집으로 출판된 외국 책 대부분은 본국에서 낱권으로 살 수 있습니다. 다른 나라의 경우, 묶어 파는 것은 낱권을 따로 주문하는 불편을 덜어 주기 위한 기능만 할 뿐입니다. 모든 아이들의 다양한 관심사를 포괄하여 책을 구입하는 학교나 도서관 혹은 마니아를 위한 편의 제공이지요. 다양한 분야에 대한 쉬운 설명과 방대한 사진, 창의적인 편집 디자인 등으로 세계적인 명성을 얻은 어린이용 논픽션 출판사인 DK의 '비주얼 박물관Visual Museum'은 한국에서는 전집으로만 묶어 팝니다. 그래서 '발레' 편을 소장하고 싶으면, '무기' 편과 '전쟁' 편을 포함한 몇십 권을 같이 사야 합니다. 한국은 이러한 책을 각 권으로 소장할 수 없는 거의 유일한 나라지요.

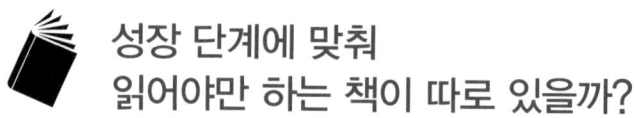
성장 단계에 맞춰
읽어야만 하는 책이 따로 있을까?

한국의 전집 출판사가 낱권 판매를 하지 않는 이유로, 상업적인 이유 외에 교육적인 근거를 찾기는 어렵습니다. 아이들에게 책은 어느새 몇 년에 한 번 마련하는 가구나 가전제품과 비슷해져 버렸습니다. 부모가 목돈을 들여 사는 김치냉장고처럼 책을 살 때도 제품 평을 읽고, 가격을 비교하고, 할부로 들여놓지요. 책은 아이가 자신의 관심사에 따라 한 권씩 골라 사는 것, 용돈을 받아 사는 것, 좋아하는 작가의 작품을 골라 가며 읽는 것이라는 인식으로부터 멀어지고 있습니다. 더구나 온라인서점의 할인 혜택과 전집 구입의 보편화로 동네 서점을 찾아보기 힘든 지금, 아이들이 집 근처에서 자기가 읽을 책을 직접 선택할 기회는 점점 사라지고 있습니다.

전집 읽기가 아이들의 독서문화에 일으키는 더 큰 문제는 나이에 따라 읽어야 할 분야가 있다는 믿음, 다독을 위해서는 전집이 필요하다는 믿음을 은연중에 부모와 교사에게 전파하고 있다는 겁니다. 생후 24개월부터는 자연관찰 전집을, 36개월부터는 전래동화를, 60개월부터는 역사책과 위인인물 전집을 읽어야 한다는 식의 독서 단계가 마치 학문적인 근거를 가지고 있는 것처럼 퍼져 있습니다. 아주 어릴 때부터 아이들에게 책을 많이 읽혀야 하고 그러기 위해서는 집에 책을 많이 구비할 필요가 있으므로 전집이 필요하다는 논리도 만연합니다. 전집 읽기를 유행시킨 한 유명 사이트는 유아기에 집중적인 독서 몰입을 주장하기도 하는데, 이는 간증이 될 수는 있어도 모든 아이들에게 보편적으로 확대될 수 있는 주장은 아닙니다. 오히려 아동도서 출판사 이름이기도 한 페스탈로치나 프뢰벨이 들으면 무덤을 뛰쳐나와 가슴을 칠 주장입니다. 독서교육계뿐만 아니라 교육학계에서도 앞의 주장들을 지지할 만한 학술 논문이 단 한 편도 없다고 감히 단언합니다. 유아기에 개월별로 분야별 전집을 여러 질 구입하여 많은 양의 책을 읽는 방식은 한국에서만 일어나는 독특한 읽기 경험입니다. 이러한 독서 경험이 아이들의 읽기 능력이나 동기, 태도, 그 밖의 요인에 어떤 긍정적인 혹은 부정적인 영향을 끼치는지에 대해 본격적인 연구가 필요합니다. 학교에서 독서 레벨을 적극적으로 활용하는 미국에서조차 최근에는 아이들 개인의 성장 속도가 다양함을 존중해, 레벨 중심의 책 읽기에 갇혔을 때 일어나는 부정적인 영향에 대한 연구가 나오고 있으며 그 대안을 모색 중입니다.

전집을 살 때는 출판사가 고른 책 목록을 부모가 선택합니다. 그러나 단행본으로 책을 구입할 때도 부모가 아이의 책을 대신 선택하는 경우가 많습니다. 부모가 아이가 읽을 책 목록을 도서관에 들고 와 책을 골라 가는 경우도 많지요. 그래서 아이들 대다수가 어떻게 책을 찾는지 어떻게 고르는지를 배우지 못한 채로 학교에 들어가게 됩니다. 그런데 학교에서도 아이들에게 책 선택 방법을 가르치지 못하고 있습니다. 자유롭게 골라 읽으라며 책 선택의 폭을 무한히 넓혀 주거나, 반대로 학년별 필독도서 목록 등을 주어 지나치게 좁히기도 합니다. 학교에서 나누어 주는 추천도서 목록의 경우에는 선생님들이 다 읽고 추천하는 건가 싶은 책도 있습니다. 더 커서도 '고등학생이 읽어야 할 ~', '중학생이 되기 전에 읽어야 할 ~', '교과서에 나오는 ~', 'OO대학교 추천도서' 목록이 아이들을 기다리고 있습니다. 출판사가 골라서 만든 전집에 기대든, 부모가 골라 준 낱권을 읽든, 학교의 필독도서를 읽든, 아이들은 그저 목록을 읽는 사람이 됩니다. 어릴 때 자신이 읽은 책에 붙였던 스티커가 체크리스트로 바뀌었을 뿐이지요. 세상에 어떤 종류의 책이 있는지, 어떤 기준으로 책을 선택하는지를 알려 주는 교육, 책을 고르고 자신이 선택해 읽은 책이 자기를 어떻게 변화시켰는지에 대해 이야기 나눌 수 있는 경험은 없습니다.

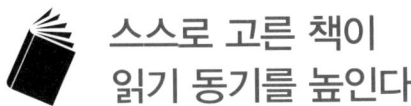
스스로 고른 책이
읽기 동기를 높인다

책 선택은 왜 중요할까요? 많은 학자들이 동의하는 주장에 의하면, 자유로운 책 선택이 읽기의 내적 동기를 강화시키고, 읽기를 지속하게 만들며, 독서의 즐거움을 높이고, 독서에 대한 주인의식과 자율성을 높인다고 합니다.[15] 읽기 동기와 읽기 몰입reading engagement 분야의 저명한 학자인 존 거스리John T. Guthrie는 아이들의 읽기 동기와 몰입을 강화시키는 요인 중 하나로 아이들이 스스로 선택한 책을 읽는 것을 들고 있습니다.

아이 스스로 자신이 읽을 책을 선택하는 요소는 크게 두 가지로, 하나는 '독해 가능성'이고, 다른 하나는 '흥미'입니다. '독해 가능성readability' 이란 글을 읽으면서 해독과 독해가 가능하다는 걸 의미합니다. 글자를 유창하게 읽어 내고 뜻을 이해할 수 있다는 뜻이지요. 아이들은 독해 가능성이 높은 책을 고르는 경향이 있습니다.

책 선택에 영향을 끼치는 흥미는 두 가지로 나뉘는데, 하나는 '주제 흥미'이고, 다른 하나는 '상황 흥미'입니다. '주제 흥미topic interests'는 개인적으로 흥미가 있는 주제를 말하며, 개인 흥미personal interests라고도 합니다. 주제 흥미는 아이마다 다르고 비교적 오랫동안 지속된다는 특성이 있습니다. 여러 연구를 통해 개인적인 흥밋거리는 아이의 독해에 영향을 끼친다고 알려져 있습니다. 특히 읽기를 잘 못하는 아이일지라도 관심 있는 주제의 글을 읽을 때는 자신의 수준보다 2~3레벨 정도 어려워도 읽어 보려고 한답니다. 새로운 단어나 어려운 문장 구조를 접하더라도, 다른 주제의 책이었다면 포기했을 만한 글을 읽어 내려 한다는 거지요. 우주에 관심이 많은 아이에게 우주에 관한 논픽션이나 우주를 배경으로 한 소설을 골라 읽게 하면, 읽기 동기와 독해력이 강화되는 식이지요. 읽고 있는 책의 주제가 흥미로울수록 배경지식도 더 많이 쌓이게 되고, 이는 다시 주제에 대해 더 읽고 더 알고 싶어지는 동기를 유발하는 선순환 효과가 있습니다. 따라서 책 읽기에 관심이 없는 아이에게 책을 고르게 할 때나 책을 권할 때는 아이에 대해 잘 아는 것이 중요합니다. 아이가 어느 정도 수준의 글을 읽을 수 있는지, 재미있게 읽었던 책은 무엇인지, 생활 속 취미나 관심사가 무엇인지 말이지요.

주제 흥미에 따라 책을 읽는 건 스스로를 탐색하는 데도 도움이 됩니다. 자신이 어떤 주제에 끌리는 사람인지, 어떤 일에 감동하고 열정이 있는지 발견하게 되지요. 또한 어떤 가치를 중심으로 살고 싶고, 어떤 인간관계를 맺고 싶고, 어떤 사회를 꿈꾸는지 탐색할 수 있습니다.

그런데 모든 아이들이 모든 주제에 관심이 있는 건 아닙니다. 관심 주제에 대해서만 책 선택을 국한하면 선택의 폭이 매우 좁아지지요. 이

때 두 번째 종류의 흥미인 '상황 흥미situational interests'를 유발하면 책 선택 폭을 넓힐 수 있습니다. 상황 흥미는 글의 내용이 참신해서, 글이나 그림이 흥미롭게 전개되어서, 읽기 전 혹은 읽고 난 후의 활동이 재미있어서 단기적으로 갖게 되는 흥미입니다. 예를 들어, 구성이나 그림, 사진, 디자인이 돋보이는 책은 평소에 관심이 없던 주제에도 흥미를 갖게 합니다. 선생님이 글을 쓴 작가에 대해서 여러 가지 일화를 곁들여 설명해 주는 것도 상황 흥미 갖기에 도움이 됩니다. 운동장에 핀 들꽃 이름을 조별로 다섯 가지 이상 알아 오라며 『식물도감』을 내밀면, 아이들은 도감을 적극적으로 읽습니다.

사서의 경우, 다양한 종류의 좋은 책을 수서하고, 서가를 주제별로 눈에 띄게 꾸미며, 책을 흥미롭게 안내하고, 책과 아이의 경험과 관점을 연결 지으며, 책을 의미 있는 문맥 속에서 소개하면서 아이들의 상황 흥미를 유발할 수 있습니다. 상황 흥미는 어떤 글이 어떤 방식으로 어떤 경험과 함께 제시되었느냐에 따라 달라지기 때문에 누구보다도 어른의 역할이 중요합니다.

초등학교 3학년을 대상으로 한 연구에서[16] 스스로 책을 선택할 수 있는 아이는 주어진 책만 읽는 아이보다 빠르고 효과적으로 정보를 찾았습니다. 책을 덜 뒤적이며, 훨씬 더 계획적으로 불필요한 정보를 뛰어넘고, 주요 용어를 단서로 필요한 정보를 찾았습니다. 주제에 대한 흥미와 사전 지식을 바탕으로 한 선택이 좀 더 효과적인 독해 결과를 낳았다고 볼 수 있습니다. 또한 이 아이들이 찾아낸 정보를 시험지의 답처럼 적게 했을 때보다 게시판에 원하는 방식으로 꾸미게 했을 때, 한층 효과적인 읽기 동기와 독해 결과를 얻을 수 있었습니다.

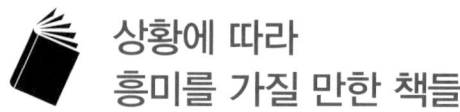
상황에 따라 흥미를 가질 만한 책들

 그렇다면 아이의 상황 흥미에 맞는 주제는 어떻게 찾을 수 있을까요? 첫째, 아이들은 현재 수업에서 배우는 주제에 대해 상황 흥미를 갖기 쉽습니다. 공부를 잘하든 못하든, 수업에서 배우는 주제에 대해 선생님에게 이야기도 듣고, 학습 활동도 하고, 시험 공부도 하면서 배경지식이 쌓이기 때문이지요. 초등학교 4학년 과학 수업 중 '강낭콩의 한살이'를 예로 살펴봅시다. 학교 수업에서 콩에 대해 배우고, 집에서 숙제로 콩을 기르며 관찰 일지를 씁니다. 아이는 콩이라는 주제에 대해 평소보다는 좀 더 관심을 갖게 됩니다. 콩과 관련된 책도 읽을 만하다고 느끼고 흥미를 갖기 쉽습니다. 아이의 상황 흥미를 고려한다면 부모나 교사, 사서가 다음의 책을 소개할 수도 있겠지요. 할머니의 1년 콩 농사를 보여주는 『다 콩이야』(도토리 기획, 정지윤 그림, 보리), 다양한 종류의 콩을 세밀화로 그린 『콩』(히라야마 카주코 지음, 한림출판사), 모녀 4대가 도와 가며 일구는 콩 농사 이야기 『세 엄마 이야기』(신혜원 지음, 사계절출판사), 콩을 통해 인간과 자연의 관계를 가르치는 『콩알 하나에 무엇이 들었을까?』(이현주 외 지음, 임종길 그림, 봄나무) 등을요.

여기서 중요한 점은 현재 배우고 있는 주제가 상황 흥미를 일으킨다는 겁니다. 나중에 배울 주제, 즉 1~2년 후에나 배울 주제에 대해서는 상황 흥미가 생기지 않습니다. 어떤 수업 활동도, 교사의 가르침도, 숙제도, 경험도 연결할 고리가 없다면 말이지요. 요즘 1~2학년생에게 3학년 교과연계 도서를 미리 읽게 하는 식의 책 읽기가 바람직한 것처럼 호도되는데, 선행 독서는 아이에게 상황 흥미를 일으키기 어렵습니다. 주제를 깊이 있게 이해하기 어려울뿐더러, 오래 기억되지도 않습니다.

둘째, 아이가 겪고 있는 직간접적인 경험 또한 상황 흥미를 일으킬 만한 주제가 됩니다. 아이가 경험하고 있는 사건이나 감정과 관련된 주제의 책을 소개하면 아이가 흥미를 갖고 선택할 가능성이 높습니다. 가정과 학교에서 겪는 인간관계, 학업이나 진로에 대한 고민, 지역사회나 국가, 세계에서 화제가 되고 있는 쟁점 등을 다룬 책도 여기에 해당됩니다. 예를 들어, 선거 벽보가 마을을 덮는 선거 철에는 선거 결과로 소중한 것을 잃어버린 일곱 아이들의 이야기인 『이렇게 될 줄 몰랐어』(파니 로뱅 외 지음, 오로르 프티 그림, 책과콩나무)를 소개하면 좋겠지요. 엄마와 학원 가기로 갈등을 겪고 있다면 『좋은 엄마 학원』(김녹두 지음, 문학동네)을 소개하고요.

그러나 평범한 부모나 교사가 다양한 주제의 책을 모두 통달하기는 어렵지요. 그럴 때는 주제별로 책을 추천한 어린이책 서평집이나 서평

사이트가 수고로움을 덜어 줍니다. '학교도서관저널'이 매년 발간하는 주제별 서평집은 2010년 『그림책 365』를 시작으로 『체험활동 365』, 『만화책 365』, 『진로직업 365』, 『성과 사랑 365』가 출간되었습니다. 이 시리즈는 교육 전문가들이 어린이 분야와 청소년 분야로 나누어 주제별로 추천할 만한 책의 서평을 싣습니다. 주제별 서평집은 어른이 아이에게 상황에 맞는 책을 추천할 때 참고하면 도움이 됩니다. 온라인 사이트로는 '오픈키드www.openkid.co.kr'를 추천합니다. 이 사이트는 유아와 초등학생이 읽는 어린이책을 주로 다루고 있는데 분야별·주제별 도서 찾기가 매우 쉽게 구성되어 있습니다.

청소년 독자를 위한 책추천사이트, 북틴넷(bookteen.net)은 청소년들이 요청한 주제나 흥미를 가질 만한 주제로 책을 소개하고 있습니다.

영미권의 경우, 주제별 서평집이 매우 활발하게 발간되고 있습니다. 판타지만 세분화하여 추천한 서평집도 있고, 스릴러, 스포츠, 역사, 다문화 등에 대한 주제별 서평집도 꾸준히 발간됩니다. 대상을 특화한 경우도 있습니다. 청소년 읽기 부진아의 독서 지도를 위한 서평집은 높은 연령대의 아이들이 가질 만한 주제의식을 담고 있지만 짧고 쉬운 글로 이루어진 책을 주로 소개합니다. 어린이·청소년 독자를 위해 씌여진 서평집도 많이 발간되고 있습니다. 이런 서평집의 목적은 아이들의 책 선택을 대신하는 게 아니라 도와주는 데 있습니다. 아이들은 서평집을 참고해 상황 흥미를 일으키는 주제의 책을 골라 읽으며 자신의 생활에서 경험하는 사건이나 감정의 의미를 더 깊이 파악할 수 있게 됩니다.

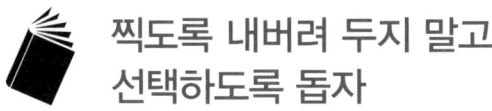# 찍도록 내버려 두지 말고
선택하도록 돕자

아이들에게 마음껏 책을 골라 보라며 내버려 두면, 어떤 아이는 자신의 읽기 목적이나 수준에 적합한 책을 고르지 못합니다. 특히 책을 어떻게 골라야 하는지 배우지 못한 아이들, 자신이 잘 읽지 못한다고 생각하는 아이들에게는 더 힘듭니다.[17] 이들은 친구나 선생님에게 책 선택을 위임하거나 마지막까지 미루다가 급하게 아무거나 결정하거나 읽었던 책을 다시 고르는 등의 안전한 선택을 합니다.

선택은 선택지에 대한 이해를 전제로 합니다. 선택할 책이 무엇을 담고 있는지 조금이라도 알아야 고르는 일이 가능합니다. 예를 들어, 영화감독이 배우 오디션을 하는데 처음 본 신인배우의 이름만 보여 주면, 누가 연기를 잘하는지 알 도리가 없습니다. 배우가 보여 줄 수 있는 연기를 보지 못한 채, 이름이 주는 인상만으로 가늠할 따름입니다. 감으로 찍는 거죠. 반면에, 그들의 연기 몇 장면을 볼 수 있다면, 이들의 연기를 봐 왔던 누군가가 이들을 소개해 줄 수 있다면, 영화감독은 이들 가운데 누가 내 영화에 적합한지 바로 선택할 수가 있지요. 선택지에 대한 정보가 주어졌을 때 비로소 선택할 수 있습니다.

의미 있는 선택은 정보에 바탕을 둔 선택informed choice이라고 볼 수 있습니다. 아쉽게도 많은 학교에서 아이들에게 나누어 주는 권장도서 목록, 심지어 필독도서 목록 대부분이 저자와 제목, 출판사만 나열하는 방식으로 제시되지요. 그러나 아이에게 책의 저자와 제목만 열거해 주며 이 가운데서 읽어 보라고 하는 것은 선택보다는 찍도록 만듭니다. 아이가 아무거나 찍지 않고 원하는 책을 선택하게 하려면 어떤 책인지에 대한 정보가 제시되어야 합니다. 추천도서 목록을 만든다면, 저자에 대한 안내, 책의 분야, 내용, 표지, 분량, 난이도, 추천 이유, 추천 대상이 설명되어야 합니다. 추천도서를 직접 보여 주거나 일부를 읽어 주는 것도 좋습니다. 추천도서는 읽어야 하는 책을 알려 주기 위해 만드는 것이 아니라, 아이들의 의미 있는 책 선택을 도와주기 위해 만드는 목록이기 때문입니다.

그 밖에도 아이가 정보에 바탕을 두고 책을 선택할 수 있도록 돕는 방법이 있습니다. 우선, 아이들이 경험한 책의 세계는 교사나 사서교사만큼 넓지 않기 때문에 다양한 분야와 책의 형태에 대해 알려 줄 필요가 있습니다. 또한 너무 많은 선택지는 선택을 어렵게 하기 때문에 일정 정도 안에서 선택하게 하는 것도 도움이 됩니다. 학교도서관이 발달한 나라에서는 15분 정도의 미니 수업mini lesson으로 특정 분야에 대한 특징이나 표현 방식, 대표작 등을 알려 줍니다. 그리고 해당 서가에 아이들을 데리고 가서 20~30분 동안 아이들이 책을 구경하고 골라서 읽어 보게 합니다. 이를 통해 다양한 분야의 책에 대한 정보를 아이들이 알게 되고 이후에 책을 선택하는 폭을 넓힐 수 있게 되지요. 예를 들어, 여행기나 추리소설, 만화 등을 각각 미니 수업으로 구성해 볼 수 있습니다. 아이들은 정보가 없어 잘 고르지 못했던 분야나 익숙한 분야의 잘 알지 못했던 대표작을 알 수 있습니다. 특히 국어 수업에서 본격적으로 다루는 시나 소설 외에도 사진집, 잡지, 신문, 다양한 주제의 논픽션 등은 사서교사가 수업으로 구성할 수 있는 분야지요.

    선생님이 현재 읽고 있는 책을 어떻게 선택했는지, 자세히 풀어 이야기하는 방법도 아이들이 책을 선택하는 데 좋은 본보기가 됩니다.[18] 예를 들어, "작가 ○○의 책을 처음 읽었는데 무척 마음에 들어 같은 작가의 다른 책을 읽으려고 했어요. 그래서 도서관 홈페이지에서 책을 찾고 웹사이트에서 서평도 읽어 봤지요. 동네 서점에 가서 웹사이트에서 찾은 책을 몇 페이지 읽었더니 어렵지 않았고 글도 흥미로웠어요. 그런데 학기말이라 처리해야 할 업무가 많아서 책 읽기에 토막 시간밖에 할애할 수 없었어요. 집중이 잘 되지 않았죠. 그래서 방학 때 시간이 나면 본격적으로 읽으려고 미뤄 두고 좀 더 짧은, 다른 책을 골랐답니다."라고 자연스럽게 자신의 이야기를 들려줍니다. 선생님의 이런 이야기는 책의 선택 과정을 보여 주는 좋은 모델이 될 수 있습니다.

    아이들에게 자신에게 딱 맞는 책 고르는 방법을 이야기하게 하고, 정리된 내용을 포스터로 만들어 학급이나 도서관에 붙여 놓는 방법도 있습니다. 예를 들어, 훑어 보았을 때 흥미로웠는지, 내가 좋아하는 주제인지, 첫 장을 읽었을 때 이해할 수 있었는지, 어려운 단어들이 많지는 않은지, 나중에 읽는 게 나을지, 좋아하는 작가나 시리즈의 책인지, 읽을 때 나의 기분은 어땠는지를 고려할 수 있겠지요. 책을 고를 때의 기준은 학년이 아니라 '나'입니다. 그리고 내가 어떤 목적으로 읽는지가 중요합니다. 공부, 진로, 시험, 호기심, 휴식, 놀이, 시간 보내기, 기분 전환, 취미, 삶에 대한 반성 등 다양한 상황마다 다양한 독서의 목적이 존재한다는 것을 알려 줄 필요가 있습니다.

자율적인 책 선택을 돕는, 좀 더 체계화된 전략으로 '북매치BOOK-MATCH'가 있습니다. 이는 아이들이 책을 고를 때 고려해야 할 사항의 앞 글자를 따서 만들어졌습니다.[19] 북매치는 책을 선택할 때, '책의 분량이 적당한가?Book length', '일상적으로 쓰는 언어로 자연스럽게 읽을 수 있나?Ordinary language', '책의 크기나 단어 수, 장의 길이 등 구조는 적절한가?Organization', '책에서 다루는 내용 중 이미 알고 있는 지식이 있나?Knowledge to prior to book', '이해할 수 있는 글인가?Manageable text', '흥미로운 분야인가?Appeal to genre', '적합한 주제인가?Topic appropriate', '세상에서 일어나는 일이나 자기의 경험과 연관 지을 수 있는가?Connection', '흥미가 있는가?High-interest'를 살펴보라고 합니다.

또한 도서관의 정보 탐색 수업은 아이들에게 자료를 효과적으로 찾을 수 있는 방법을 알려 줍니다. 최근 사서교사가 있는 학교에서는 도서관 자료 찾는 방법을 본격적으로 교육하고 있습니다. 교과교사와 사서교사가 협력 수업을 해서 아이들이 문제 해결을 위해 도서관이나 웹사이트의 자료를 찾을 수 있게 가르치는 시도도 이루어지고 있습니다. 정보 탐색과 더불어 탐색된 정보를 자신의 글이나 작업에 인용할 때 표절하지 않는 방법, 인용에 대한 출처를 밝히는 방법, 저작권 등에 대한 교육은 정보를 다루는 사서교사가 담당할 수 있는 중요한 역할이 될 것입니다. 교육적 측면에서 학교에 사서교사가 반드시 존재해야 하는 가장 중요한 이유는 정보를 자율적으로 선택하고 활용하는 독자를 만들기 위함이라고 봅니다.

정보미디어사회를 살아갈 아이들은 평생 적어도 4~5회 직업을 바꾸게 될 거라고 합니다. 평생의 배움이 필수지요. 직업 세계뿐만 아니라 좋은 삶을 꾸리기 위해서도 배움을 멈추지 말아야 합니다. 새로운 지식과 정보에 대한 앎, 새로운 윤리적 도전에 대한 삶의 지혜, 새로운 공동체의 위기와 문제에 대한 시민으로서의 판단과 행동이 요구될 겁니다.

스스로 책을 선택할 수 있는 능력은 독립적인 독자가 되는 첫 단추지요. 그것은 저절로 생기지 않고, 배우고 연습하고 시행착오도 거쳐야 갖춰집니다. 그래야 부모의 곁을 떠나고 학교를 졸업하고 나서도, 누군가 읽을 책을 지정해 주지 않더라도 평생 스스로 책을 선택할 수 있는 독자가 됩니다.

스스로 책을 고르도록 돕는 활동

■ 부모와 함께하는 책 고르기

① 부모와 아이가 도서관에 갑니다. 아이 책을 3권 빌릴 경우, 먼저 아이와 부모가 각자 3권씩 후보 책을 고릅니다.

② 자신이 고른 책에 대해 상대방에게 설명합니다. 이때 부모가 먼저 책을 소개합니다. 제목, 작가, 출판 연도, 판/쇄 사항, 차례, 분야, 추천사 등을 보여 주며 책을 고른 이유를 알려 줍니다. 본문도 읽어 보게 하고요.
"요즘 배우는 원소기호가 헷갈린다고 했지? 이 책에는 118가지 원소가 컬러 사진으로 담겨 있어. 원소가 생활이나 산업에서 활용되는 모습을 담은 그림도 많아. 원소에 대한 책을 몇 권 비교해 보니까, 이 책이 사진도 제일 큼직하더라. 글 쓴 사람은 과학을 대중에게 쉽게 설명하는 칼럼을 썼고 강연도 많이 했대. 벌써 O쇄가 나온 걸 보면, 꽤 많은 사람들이 읽었나 봐. 한번 볼래?" "OOO 작가의 작품이 재밌다고 했잖아. 신간이 나왔더라고. 150쪽 정도로 길지 않네. 네가 좋아하는 만화도 있어. 엄마가 좋아하는 OOO 작가가 추천사도 써 줬네."

③ 부모의 책 소개가 끝나면 아이가 고른 책을 소개해 달라고 합니다.

④ 아이가 6권의 후보 중에서 빌리고 싶은 책을 고르도록 합니다.

부모가 추천한 책을 고를 수도 있지만 그렇지 않아도 괜찮습니다. 이런 경험을 통해 아이는 유능한 독자가 책을 고를 때 어떤 정보를 참고하는지 배울 수 있기 때문입니다. 부모가 골라 준 책만 읽을 때는 전혀 알 수 없는 정보지요. 또한 부모는 아이가 고른 책을 통해서 아이가 어떤 주제와 이야기에 관심이 있는지 알 수 있습니다.

■ 책방 나들이

대전의 계룡문고는 지역의 유치원, 초·중·고등학교를 대상으로 '책방 나들이'라는 프로그램을 운영합니다. 아이들은 학급 단위로 소풍 가듯 서점을 방문하여 읽어 주는 책도 듣고 책 고르는 방법도 배웁니다. 책을 직접 읽어 보고, 친구나 선생님과 이야기하며 갖고 싶은 책을 고릅니다. 자신의 책이나 학교도서관의 장서를 직접 골라 보면서 책에 대한 주인 의식을 갖게 됩니다. 자신의 관심사에 맞는 신간을 찾아볼 수 있고요. 다양한 분야의 책을 구경하면서 시대의 관심사를 파악할 수도 있습니다.

4장

편독을 어떻게 고칠 수 있을까요?

> 👤 "공주가 나오는 책만 들고 와서 계속 읽어 달라고 해요."
>
> 👤 "창작 문학을 읽었으면 하는데 과학 책만 들여다봐요."
>
> 👤 "동화나 소설류만 읽고 지식정보책은 싫어해요. 초등학교 5학년 때부터 역사를 배우기 시작하니까, 역사 공부가 즐거울 수 있게 관련 책을 읽혀 보려고 하는데 관심이 없네요."
>
> 👤 "판타지에 빠져서 다른 종류의 책을 읽기 싫어해요."
>
> 👤 "저와 아이가 좋아하는 책만 골라 읽으면 편독이 될까 봐 걱정이 돼요. 그래서 전집을 선호하게 됩니다."

✒️ 부모들에게 자주 듣는 걱정거리입니다. 아이가 한 분야 혹은 한 주제의 책만 읽으려고 한다, 즉 편독이 걱정이라는 거지요. 언젠가부터 '편독'이라는 용어가 독서교육계의 전문용어인 듯 쓰이기 시작했습니다. '편독(偏讀)'이라는 말은 '편식', '편견', '편파' 등에 쓰이는 치우칠 '편(偏)'을 써서 '한 방면에 치우치게 읽는다'는 뜻입니다.

유독 한국에서 편독에 대한 염려가 많아 여러 차례 마음먹고 국내외 연구물을 뒤적거려 보았습니다. 그러나 아이들의 편독을 문제시하는 학술 연구는 찾아보기 어려웠습니다. 우선, 편독에 해당하는 학술 용어 자체가 독서교육계에 없습니다. 편독이 아이들의 성장에 나쁜 영향을 준다는 믿음이 전문 지식인 듯 널리 퍼져 있지만, 이를 구체적으로 증명한 자료 또한 찾지 못했습니다. 아이들이 좋아하고 주로 읽는 분야나 주제에 대한 연구는 있어도 그러한 행위 자체가 어떤 문제를 야기한다는 연구 결과는 찾기 어렵다는 거지요.

어쩌면 편독을 걱정하는 질문 자체를 다시 해야 하는 것은 아닐까요? "편독을 어떻게 고칠 수 있을까요?"라는 질문은 무엇을 문제화하는 것이고 어떤 가정을 내포하고 있을까요? 편독을 문제시하는 경향이 한국에서 더 강하게 나타난다면, 이는 우리 독서문화와 교육의 어떤 특성을 드러내는 것은 아닐까요? 이 장에서는 역설적으로 질문을 분석하면서 실마리를 풀어 가고자 합니다.

# 편독, 무엇에 대한 치우침인가?

편독이 왜 문제가 될까요? 편독을 우려하는 이들의 첫 번째 주장은, 교과 공부에 도움이 되려면 각 교과목에 해당하는 모든 분야의 책을 골고루 읽는 습관을 들여야 한다는 겁니다. 여기서 편독은 글의 분야에 대한 치우침, 예를 들면, 판타지 소설, 만화 등 한두 가지 이야기 장르를 주로 읽는 것을 일컫습니다. 때로는 글의 주제에 대한 치우침, 즉 공룡이나 벌레 혹은 역사와 관련된 책만 주로 읽는 문제를 지칭하기도 합니다. 그렇다면 치우침의 반대, 즉 골고루 읽는다는 것은 어떤 분야와 주제까지 범위를 넓혀야 인정할 수 있을까요?

얼마나 다양한 책을 읽는지를 측정하는 개념으로 '읽기의 폭 reading breadth'이 있습니다. 이 용어는 독서교육계에서 아직 잘 정리되지 않았지만, 500회 이상 다른 학술 자료에 인용된 유명 논문에서 처음 쓰였습니다. 아이들의 읽기 동기가 읽기의 양과 폭에 어떤 영향을 끼치는지를 살펴보는 연구였지요.[20] 연구자들은 다양한 분야의 책을 읽으면 읽기의 폭이 넓은 것으로, 읽는 분야가 다양하지 못하면 읽기의 폭이 좁은 것으로 규정했습니다. 그리고 아이들에게 지난 한 주 동안 읽은 책의 분야와 제목을 적게 했습니다. 연구 결과, 읽기의 폭과 관계 있는 건 두 가지였습니다. 하나는 습관이고 다른 하나는 내적 동기였습니다. 자주 다양한 책을 읽은 아이들은 이후에도 계속해서 그럴 가능성이 높습니다. 또한 어떤 동기로 책을 읽었는지에 따라 읽기의 폭이 달라집니다. 읽기의 내적 동기가 강한 아이들, 즉 스스로 잘 읽는 독자라고 생각하거나 어려운 책도 읽고 싶다는 도전 의식이 높은 경우, 호기심이 많고 읽고 있는 이야기와 인물에 열중하는 경우에는 읽기의 양이 많고 폭도 넓은 것으로 나타났습니다. 반대로 읽기의 외적 동기가 강한 아이들, 즉 독서가 중요하다고 해서, 타인에게 인정받기 위해, 성적 때문에, 경쟁에서 이기려고, 혹은 숙제 등의 약속을 지키려고 책을 읽는 아이들은 이후 읽기의 양과 폭이 크게 달라지지 않았습니다.

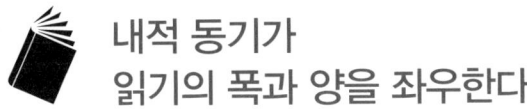
내적 동기가
읽기의 폭과 양을 좌우한다

　그런데 이 연구에서 새롭게 밝혀낸 것이 있습니다. '과거의 읽기 양과 폭' 그리고 '읽기의 내적 동기', 이 두 가지 요인 중 현재와 미래의 독서 폭에 더 강한 영향을 끼치는 요소는 바로 읽기의 내적 동기라는 겁니다. 아이가 전에 책을 얼마나 자주 다양하게 읽었는지보다 내적 동기를 얼마나 가지고 읽어 왔는지가 앞으로의 읽기 폭에 더 강한 영향을 준다는 거지요. 그래서 연구자들은 이렇게 결론짓습니다. 아이들이 많이 다양하게 읽다 보니 읽기 동기가 강해진 게 아니라, 거꾸로 아이들이 동기가 강해지면, 특히 내적 동기가 강해지면 읽기의 양과 폭이 증가한다고요. 다양한 책을 읽은 동기가 외적 동기 때문이었다면, 앞으로도 다양한 분야와 주제의 책 읽기를 할 거라고 예측하기 어렵답니다.
　이는 미국의 연구라 우리 아이들을 대상으로 다시 연구할 필요가 있지만, 다양한 책을 억지로 읽을 때보다 아이 스스로 읽기의 내적 동기가 강해질 때 읽기의 폭과 양에 더 큰 영향을 끼친다는 점은 매우 흥미롭습니다. 다양한 분야의 책을 권하거나 다양한 분야의 글을 읽는다고 이후에도 저절로 그렇게 되리라고 보장할 수는 없습니다. 과거에 그렇지 못했어도 읽기의 내적 동기가 강해지면 읽기의 양이 많아지고 폭이 넓어질 수 있다고 연구자들은 결론짓습니다.

연구 결과 못지않게 제 시선을 끄는 점은 미국 연구자들이 읽기의 폭을 설정할 때 포괄하는 분야와 주제가 우리의 통념보다 훨씬 넓다는 점입니다. 이 연구에서는 일반적인 책뿐 아니라, 만화, 잡지, 신문, 추리소설, 스포츠, 모험담, 자연과학 분야 등을 제시하고 있습니다. 한국의 독서교육 현장에서 편독의 범위를 걱정하는 질문에는 만화나 추리소설, 모험담, 스포츠, 잡지 등의 분야를 골고루 읽지 않는다는 걱정이 별로 없습니다. 이보다는 과학, 역사, 문학 등의 분야를 읽지 않는다는 걱정이 대부분을 차지하고 있지요. 지식정보책을 읽지 않는다는 걱정은 들어 봤어도 시집이나 추리소설을 읽지 않는다는 걱정은 별로 들어 본 적이 없습니다. 역사책을 읽지 않는다는 걱정은 많아도 여행기, 지도책, 화집을 읽지 않는다는 걱정은 거의 들어 보지 못했습니다. 어쩌면 우리의 독서문화에서 골고루 읽기는 국어, 수학, 사회, 과학 등 학교의 주요 교과와 관련된 주제와 교과 공부에 도움이 되는 분야를 가능한 한 번씩 읽어 둔다는 의미에 한정되어 있는 것은 아닐까요? 우리의 편독에 대한 걱정에는 학습에 도움이 되는 독서를 해야 한다는 강박이 스며 있는 것은 아닐는지요.

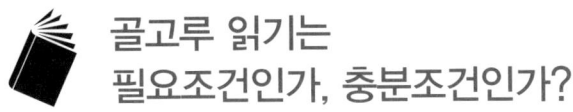# 골고루 읽기는
필요조건인가, 충분조건인가?

편독을 우려하는 이들의 두 번째 주장은, 편식이 아이들의 성장에 방해가 되듯, 몇 가지 분야에 치우친 독서는 아이의 지적·정서적·도덕적 성장에 방해가 된다는 겁니다. 이에 대해서는 글의 분야와 주제가 영양소에 비유될 수 있는 것인가 혹은 운동이나 음악의 종류에 비유될 수 있는 것인가를 되물어야 합니다. 우선 글의 분야나 주제를 영양소에 비유해 봅시다. 단백질은 아이들의 신체 발달에서 빠지지 말아야 할 영양소지요. 아이뿐 아니라 어른도 생존과 건강을 위해 많든 적든 필수 영양소를 챙겨 먹을 필요가 있습니다. 편독을 편식에 비유한다면, 인간의 성장에 반드시 필요한 몇 가지 중요 분야와 주제의 글이 정해져 있고, 이를 읽는 것은 기본이며 적게 읽으면 문제가 될 수 있습니다. 그렇게 된다면 언제나 골고루 읽는 것은 인간 삶의 필요조건이고 몇 가지 분야에 편중된 독서는 결핍입니다.

반면, 책의 분야와 주제를 운동이나 음악의 종류에 비유한다면 조금 느슨해집니다. 인간의 생활에는 운동과 독서가 모두 필요합니다. 운동이 인간의 내적 성장과 생존과 건강에 큰 도움이 되는 것처럼, 독서는 인간의 내적 성장을 돕습니다. 그러나 몇 가지 영양소가 인간의 성장과 생존에 필수인 것처럼, 몇 가지 종류의 운동이 필수는 아닙니다. 자기가 즐길 수 있고, 몸에 맞고, 여건이 되고, 필요한 운동을 골라서 하면 되지요. 운동 삼아 축구만 하는 것은 단백질만 주로 먹는 것과 달리, 성장에 큰 문제가 되지 않지요. 음악도 마찬가지입니다. 살면서 이런저런 음악을 듣게 되지만 자신이 주로 듣는 것이 가요에 국한됐다고 한들 큰 문제가 되지 않는 거지요. 클래식만 듣는다거나 힙합만 즐긴다고 큰 결핍으로 여기지 않습니다. 글을 운동이나 음악의 종류에 비유하면 골고루 읽는 것은 인간 삶에 충분조건이지, 필요조건이 아닙니다. 즉 골고루 읽지 않는 것은 결핍이 아닙니다.

저는 영양소 혹은 운동과 음악 중에 독서와의 비유가 적절한 것을 판단하는 것이 조심스럽습니다. 그러나 확실한 점은 편독을 편식에 비유하는 독서문화가 현재 한국에 강하게 자리 잡고 있고, 효과적인 마케팅 용어로 쓰이고 있다는 것이죠. 마치 골고루 읽지 못하면 영양소가 결핍되고 발달이 지체되는 것처럼요.

어린이들은 이야기, 특히 전래동화나 판타지를 좋아하는 경향이 있지만, 초등학교 3~4학년에 접어들면서 읽기 분야의 폭이 넓어진다고 합니다. 그러다가 청소년기가 되면 좋아하는 분야의 독서 폭이 성별에 따라 다시 좁아집니다. 초등학생 때 다양한 분야에 대한 탐색의 시기를 갖고 성장하면서 자신의 관심 주제와 분야를 좀 더 깊이 있게 읽어 가는 것이지요. 성인 독자들은 얼마나 폭넓게, 골고루 읽고 있나요? 직업적으로 다양한 책을 접해야 하는 사서를 제외한다면, 최근까지 읽은 책에 소설, 자연과학, 물리학, 수학, 역사, 지리, 사회, 문화, 철학, 시집, 에세이, 미술, 음악, 무용 등의 주제가 골고루 들어 있나요? 지식정보, 이야기, 만화, 신문, 잡지 등 다양한 분야가 골고루 들어가 있나요? 직업적·개인적 관심사에 따라 몇 가지 주제나 분야를 집중적으로 읽는 대부분의 어른들은 건강하지 않은 독서를 하고 있는 걸까요? 자연과학이나 수학에 대한 책을 읽지 않은 지 한참이 된 저는 결핍된 독서를 하고 있는 걸까요? 편식에 비유하여 '편독'이라는 이름을 붙이는 것은 동시에 골고루 읽지 않으면 문제라는, 소위 '불안 마케팅'의 슬로건이 아닐까 생각합니다.

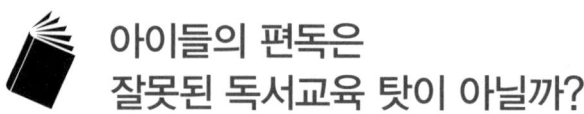
아이들의 편독은
잘못된 독서교육 탓이 아닐까?

편독을 우려하는 이들의 세 번째 주장은 다음과 같습니다. 여가나 취미로서의 읽기, 즉 즐거움을 위한 읽기 reading for pleasure 는 자신이 선호하는 몇 가지 분야나 주제에 대해 자유롭게 읽는 것이 문제가 되지 않지만, 아이들의 지적·정서적·심미적인 배움 reading for learning 을 위해서는 좀 더 다양한 읽기가 바람직하지 않을까 하는 겁니다. 아이들은 세상에 어떤 종류의 글의 형식이 있는지, 어떤 화두에 대해서 인류가 어떻게 묻고 답해 왔는지 처음부터 알 수 없기 때문이지요. 다양한 분야를 조금씩 배운 후에야 공부나 직업 세계, 소통과 사회생활, 취미나 교양을 위해 몇 가지 분야와 주제로 책을 취사선택할 수 있게 될 테니까요. 저는 아이들이 다양한 분야의 책을 경험하면 좋은 이유가 바로 이 세 번째 주장, 즉 다양한 장르, 다양한 앎의 영역을 맛볼 수 있다는 데 있다고 생각합니다.

그런데 이 주장에서 유심히 살펴야 할 것은 이러한 경험이 어떻게 가능한가입니다. 아이에게 다양한 분야와 주제의 책을 주며 읽으라고 하면 가능할까요? 글을 읽을 수 있으니, 역사책을 주거나 과학 책을 주면 읽기의 맛을 느끼며 즐겁게 읽을 수 있을까요? 이는 공을 다룰 줄 알고 달릴 줄 아니까 농구 코트에 데려다주면 농구를 할 거라고 기대하는 것과 다르지 않다고 생각합니다. 아이들은 읽지 않는 게 아니라 읽지 못하는 것이 아닐까요? 익숙하지 않은 새로운 분야의 책을 읽고, 나아가 쓰기 위해서는 누군가가 문을 열어 줄 필요가 있습니다. 몇 가지 분야에 편중된 아이들의 독서는 어쩌면 몇 가지만 읽어 주고 가르치고 소개해 온 독서교육의 문제인 건 아닐까요?

아이들이 다양한 분야의 지식정보책에 입문하는 데 적절한 도움을 주지 못하고 있다는 미시간 대학 교수 넬 K. 듀크Nell K. Duke의 연구는 서양에서도 대단한 반향을 일으켰습니다. 초등학교 1학년 수업을 관찰한 '하루에 3.6분'이라는 제목의 이 연구는[21] 교사들이 수업시간에 이야기책에 비해서 지식정보책을 다루는 비중이 지나치게 적다고 지적합니다. 교사들이 아이들에게 지식정보책의 다양한 분야를 알려 줄 기회가 별로 없었고, 학급문고에 이야기책은 많지만 지식정보책은 적었다고 합니다. 또한 가르치고 있는 교과의 주제와 관련된 지식정보책을 거의 소개하지 못하고 있다고 밝히고 있습니다. 이런 수업과 교실 환경은 아이들을 지식정보책으로부터 멀어지게 만든다는 주장이지요. 듀크는 이러한 문제점을 해결하기 위해 첫째, 아이들에게 완성도 높은 지식정보책을 안내하고, 둘째, 가르치고 있는 주제와 관련된 다양한 분야의 책을 읽어 주고 추천하며, 셋째, 학급문고에 지식정보책을 주제별로 찾기 쉽도록 잘 정리하자고 제안합니다.

캐나다의 독서교육 전문가인 아드리엔 기어Adrienne Gear는 아이들이 일상에서 만나는 정보 글은 다양하지만, 교사들이 수업에서 이를 비중 있게 다루지 못한다고 지적합니다.[22] 기어는 다양한 분야의 지식정보책을 아이들에게 소개하는 방식으로 다음의 세 가지를 제안합니다.

첫째, 지식정보책을 소리 내어 읽어 줍니다. 교사들은 아이들에게 주로 이야기책을 읽어 줍니다만 다양한 지식정보책도 소리 내어 읽어 주면 좋습니다. 지식정보책은 처음부터 끝까지 읽지 않고 흥미로운 부분만 떼어 읽어도 의미 파악에 큰 어려움이 없기 때문에, 자투리 시간을 활용해서 읽어 주기 좋지요. 특히 수업의 주제와 관련된 지식정보책을 골라 한두 쪽만 읽어 주고 교실에 전시해 두면, 아이들이 관심을 갖고 읽어 봅니다.

둘째, 지식정보책을 쓴 작가에 대한 수업을 진행합니다. 작가가 어떤 삶을 살았는지, 책을 쓴 동기는 무엇인지, 지식정보책에 반드시 필요한 정확성과 신뢰도를 높이기 위해 어떤 자료의 도움을 받았는지를 살펴보는 겁니다. 교사나 사서교사가 소개해도 좋고 아이들이 직접 조사해서 발표해도 좋습니다. 각자 흥미 있는 주제에 대한 책을 모아 보고 좋아하는 작가를 조사할 수 있겠지요. 한국의 동식물을 세밀화로 그려 내는 권혁도, 이태수, 이주용, 우리 전통 문화를 소개하는 '국시꼬랭이 동네'(사파리) 시리즈를 쓴 이춘희, 과학적 현상과 원리를 쉽게 설명하는 정재승, 『조선왕조실록』을 만화로 그려 낸 박시백, '신기한 스쿨버스'(비룡소) 시리즈의 조애너 콜과 브루스 디건 등을 수업에서 다룰 수 있겠지요.

셋째, 지식정보책의 형식과 구조에 대한 미니 수업을 합니다. 지식정보책의 서술 방식을 크게 나누어 보면, ① 무엇에 대한 사실을 정리해서 묘사하는 글(예를 들어, 국가, 동물, 종교 등), ② 무언가를 만들거나 그 과정을 단계별로 가르쳐 주는 글(예를 들어, 요리책, 설명서 등), ③ 무언가가 어떻게 혹은 왜 일어났는지, 만들어졌는지, 작동하는지를 설명하는 글(예를 들어, 자석의 원리 등), ④ 특정한 주제에 대한 의견을 피력하는 논설문(예를 들어, 사교육에 대한 찬반 등), ⑤ 한 사람의 삶에 대한 연대기적 서술이나 주요 사건을 강조한 전기로 나누어집니다. 우선 각 분야의 특징을 알려 주고 대표하는 책을 소개해 줍니다. 아이들에게 여러 권의 지식정보책을 무작위로 나누어 주고 글의 형식대로 분류하게 해도 좋습니다. 또한 지식정보책에 쓰이는 다양한 시각적 요소, 예를 들어, 차례, 제목과 소제목, 찾아보기, 용어 해설, 사진과 그림, 캡션, 도표, 플로우 차트, 그래프, 지도, 마인드맵 등에 대해서 알려 줄 수도 있습니다. 책 속에서 직접 이러한 요소를 찾아보며, 어떤 정보가 어떤 기호에 담기는 것이 가장 적절한지, 이야기해 보거나 직접 만들어 봐도 좋겠지요.

반면, 지식정보책만을 선호하고 이야기책을 거부하는 아이는 어떻게 할까요? 캐나다의 UBC 대학 교수인 롭 조브Rob Jobe는 지식정보책에 대한 선호도가 높은 아이를 '인포 키드Info-Kids'라고 부르고, 이들에게 적합한 독서교육을 제안합니다.[23] 인포 키드는 신체 활동을 좋아하거나, 만들기와 같은 손으로 하는 작업에 능숙하거나, 정보를 깊고 자세히 알고자 하거나, 한 주제에 빠져 있다가 다른 주제로 넘어가는 경향이 강합니다. 또한 사실과 현실 세계에 관심이 있고, 읽기·쓰기는 싫어하지만 말하기는 할 만하다고 느끼며, 남자아이가 많지만 소수의 여자

아이도 있고, 특이한 관심이나 자기만의 생활 스타일을 가진 경우가 많답니다. 조브는 학교의 추천도서나 읽어 주기 자료가 이야기책에 치중되어 있어 인포 키드를 소외시킨다고 합니다. 이들은 스스로 고른 책에는 흥미가 많지만 학교에서 중요하다고 강조하는 문학 책 읽기에는 재미를 못 붙이지요. 그 결과 이들은 스스로를 읽기·쓰기를 잘 못하는 사람으로 인식하기 쉽습니다.

지식정보책을 주로 읽는 아이들은 지식정보책이 가진 시각적 요소에 강하게 끌린다고 합니다. 글로만 씌여진 이야기책과 달리, 지식정보책은 밝은 색감의 컬러, 눈길을 끄는 표지의 그림, 삽화, 미세한 부분까지 확대된 사진, 간결하고 짧은 글 등의 요소를 갖고 있지요. 인포 키드가 처음부터 질려하는 책은 글씨가 작고 여백이 적거나, 글이 그림보다 월등히 많거나, 너무 두꺼운 책이랍니다. 인포 키드에게 책을 소개한다면 이러한 시각적 요소를 고려하면 좋겠지요.

조브의 연구에 의하면, 앞서 말한 '주제 흥미'는 인포 키드를 책 읽기로 이끄는 가장 강력한 요인입니다. 이들은 한 가지 주제를 깊게 파고드는 책 읽기를 하는 경향이 있는데, 부모와 교사는 이를 문제시하지 말고 가치 있게 여겨 주는 것이 좋습니다. 나아가 관심 있는 주제에 대해 폭넓고 다양한 자료를 같이 찾아보거나 소개하는 것도 좋습니다. 주제에 대한 다양한 분야의 접근 방식이 있다는 걸 알려 줄 수 있기 때문입니다. 예를 들어, 곤충에 관심이 많은 아이에게는 곤충 도감뿐 아니라 파브르의 전기, 주인공이 곤충인 소설, 곤충 세밀화 책, 지역별 곤충 분포 지도 등을 소개해 줄 수 있겠지요. 아이돌 가수에 관심이 많은 아이에게는 가요의 역사에 대한 책, 노래 책, 가수들의 자서전, 가수들이 추천한 책, 한국 엔터테인먼트 산업에 대한 책 등을 소개할 수 있습니다. 특히 문학적 요소와 지식정보책의 요소를 동시에 지닌 책들, 즉 실화를 바탕으로 한 이야기책, 역사소설, 추리소설, 과학소설, 전기 등은 인포키드가 이야기의 맛을 느낄 수 있는 연결고리가 될 수 있습니다. 이야기의 인물, 사건 혹은 배경과 주제 흥미가 관련된 책도 좋은 징검다리가 됩니다. 예를 들어, 우주에 관심 있는 아이라면 주인공이 우주 과학자거나, 주요 사건이 우주 비행이거나, 배경이 우주 공간인 이야기책이 적절하겠지요.

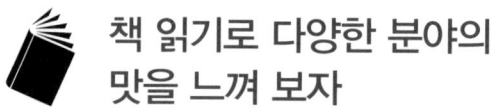# 책 읽기로 다양한 분야의
맛을 느껴 보자

　몇 가지 분야와 주제에 대한 집중적인 책 읽기를 편식처럼 여겨 지나치게 우려할 필요는 없습니다. 개인적인 흥미에 바탕을 둔 즐거움으로서의 책 읽기는 평생 독자를 만드는 가장 중요한 동력이기 때문입니다. 또 이러한 책 읽기는 앞서 말했듯 자신이 무엇을 좋아하는지 무엇을 하고 싶은지 탐색하는 기회가 됩니다. 관심 주제의 책에서 얻은 앎을 통해 세계를 보면, 보이지 않던 것이 보이고 또렷하지 않은 것이 좀 더 분명해지지요. 이런 앎의 눈을 가지고 그 분야를 경험하면, 그 앎을 체화할 수 있습니다. 그리고 경험하면서 갖게 되는 질문과 해답을 가지고 다시 책을 찾아볼 수 있겠지요.
　이 책의 독자들도 독서교육에 대한 관심 때문에 이 책을 읽게 되었을 테고, 이 책을 통해 얻은 앎으로 아이들을 만나겠지요. 가정이든 학교든 도서관이든 독서교육을 실천하면서 풀리지 않는 문제를 만나면 다시 다른 책을 찾아보게 될 거고요. 이렇게 관심사에 대한 앎과 경험이 선순환하는 책 읽기는 어린아이들에게도 중요합니다. 읽기가 삶을 변화시키는 걸 느끼기 때문이지요. 이런 책 읽기는 자기 관심사와 상관없이 추천도서 목록을 따라 의무적으로 하는 독서와 달리, 읽기의 내적 동기를 강화시켜 줍니다.

아이들에게 책 선택의 기회를 충분히 주어 자신에게 흥미로운 주제와 분야를 깊게 읽히는 것도 중요하지만, 반대로 한 가지 분야만 읽는 아이를 방임하는 것도 교육적이지 못합니다. 다양한 분야와 그 분야가 담을 수 있는 멋진 글로 안내할 교육 기회를 놓아 버리는 것이 될 테니까요. 각 분야가 보여 주는 세계, 그리고 세계에 대한 관점, 독특한 표현 방식을 읽어 내는 연습의 기회가 없어지니까요. "골고루 읽어라.", "다른 분야의 책도 좀 읽어라." 하는 잔소리나 강제가 아니라 각 분야의 맛을 느끼게 하는 독서교육이 필요합니다. 분야별로 그 분야가 담을 수 있는 최대한의 재미와 완성도를 가진 책을 소개하거나 읽어 주는 독서교육, 아이가 가진 주제 흥미와 상황 흥미에 맞는 다양한 분야의 책을 소개하고 읽어 주는 독서교육이요.

책 맛보기 파티

미국 켄터키 주의 한 중학교에서 진행한 활동으로 학생들이 자주 찾지 않는 분야의 소설을 맛보는 파티입니다.[24]

① 도서관에 책상을 여기저기 놓고 책상마다 한 분야의 대표작 여러 권을 전시합니다. 역사, 추리, 범죄, 사실주의, 과학, 판타지, 스포츠, 연애 등 총 아홉 가지 분야입니다.
② 각 책상에 분야별로 이름표를 붙이고 창의적으로 책상 위를 꾸밉니다.
③ 아이들에게 최소한 세 군데 이상의 책상을 방문하도록 합니다. 자신이 평소에 읽지 않는 분야에도 가 볼 것을 권합니다.
④ 책을 맛볼 때는 앞표지, 뒤표지, 차례, 첫 장의 첫 쪽 혹은 본문의 한 쪽을 반드시 읽어 보도록 합니다.
⑤ 와인 시음회를 하듯이 맛본 책 중 다음에 읽고 싶은 책의 제목과 별점, 평가 글을 각자 적도록 합니다.

독서의 달이나 도서관 주간 등에 학교 행사로 진행해 볼 만한 활동입니다. 중고생이라면 도서부 아이들이 자치적으로 이 행사를 꾸려 볼 수 있겠지요.

5장

정독과 다독 중에 무엇이 더 좋은가요?

> "책을 훌렁훌렁 빨리 읽어요. 대강 읽고 다 읽었다고 하는 것 같은데 정독을 못 하는 건 아닌가 싶어요. 정독하는 법을 어떻게 가르쳐야 할까요?"
>
> "정독을 하고 있는지 어떻게 알 수 있지요? 줄거리는 대충 아는 것 같은데 꼬치꼬치 세밀한 걸 다 물어볼 수도 없고요. 아이가 좋아하지도 않고요."
>
> "글을 워낙 꼼꼼하게 읽어서 모르는 단어가 나오면 더 읽지를 못해요. 계속 어른들에게 물어보고 뜻을 알려 달라고 합니다. 도움이 없으면 금방 책을 덮어 버리고요. 매번 단어 뜻을 알려 주기 귀찮은 건 둘째 치고, 뜻풀이를 남에게만 의존하는 게 좋지는 않을 것 같아요."

아이가 스스로 글을 읽기 시작하면, 읽기 활동의 주도권이 읽어 주는 어른에서 아이에게로 넘어가게 됩니다. 책을 고르기 위해 제목과 차례 읽기, 읽는 속도 조절하기, 읽기를 그만두기, 특정한 단어와 문장에 눈길 더 주기, 그림이나 도표를 자세히 살펴보기, 뜻을 헤아리거나 기억하기 위해 잠시 멈추기, 뒷장으로 건너뛰거나 읽었던 부분을 다시 읽기, 밑줄을 치거나 동그라미로 표시해 두기 등의 활동 말이지요. 누군가 글을 읽어 줄 때는 대부분 읽어 주는 이에게 맡겨졌던 활동입니다. 독립적인 독자가 된 아이들은 이렇게 다양한 활동을 자신의 통제하에 구사하게 됩니다.

아이가 스스로 묵독默讀을 하기 시작하면 어떤 방식으로 읽는지 다른 사람은 알기 어렵습니다. 읽는 방식은 정독, 다독, 훑어 읽기 등으로 나누어지는데, 특정한 읽기 방식이 항상 옳은 것은 아닙니다. 읽기의 목적에 맞게 읽기 방식을 바꾸어 활용할 수 있는 것이 바람직하지요. 각각의 읽기 방식은 어떤 상황에서 가장 적절하며, 어떻게 배울 수 있는지 알아보겠습니다.

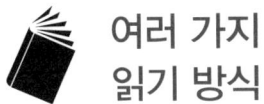
여러 가지 읽기 방식

읽기의 방식은 여러 가지입니다. 우선 우리가 자주 쓰는 '정독精讀'이라는 읽기 방식부터 살펴보지요. 정독의 사전적 의미는 '뜻을 새겨 가며 자세히 읽음.'입니다. 많은 시간을 들여 글을 읽는 '천천히 읽기slow reading'나 같은 글을 여러 번 읽는 '반복 읽기rereading'는 정독의 방법 중의 하나지요.

정독의 '천천히 자세히'라는 부분을 강조하면, 그 반대 지점에 빨리 읽는 '속독fast reading'이 있습니다. 자세히 읽다 보면 적은 양의 글을 읽을 수밖에 없지요. 그래서 정독의 '적게 읽기'라는 부분을 강조하면, 그 반대 지점에 많은 글을 읽는 '다독多讀'이 있게 됩니다. 또한 정독이 읽으려는 글 전체를 '처음부터 끝까지' 집중해서 읽는다는 부분을 강조하면, 그 대척점에 '훑어 읽기scanning and skimming'가 있습니다.

이 중에 바람직한 읽기 방식이 무엇이냐는 질문을 많이 받습니다. 다독이냐, 정독이냐? 학계의 결론을 미리 알려드리면, 그것은 읽기의 목적에 따라 다르다고 할 수 있습니다. 정독, 다독, 훑어 읽기 모두 현대의 정보미디어사회를 살아가는 이들에게 필요한 읽기 방식입니다. 관건은 각각의 읽기 방식이 어떤 경우에 가장 적절한지를 아이들이 배우고 연습하여 적절히 구사할 수 있는가 하는 것입니다. 캐나다 캘거리 대학의 교수 마이자 맥클라우드Maija MacLeod가[25] 정리해 놓은 읽기 방식을 하나씩 자세히 살펴보지요.

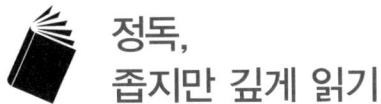
정독,
좁지만 깊게 읽기

　영미 독서교육계에서, 우리말의 '정독'을 가리키는 용어는 'Intensive Reading'입니다. '집중하는 읽기'라고 번역할 수 있겠죠. 정독은 글의 표면적인 의미뿐 아니라 함축된 의미를 이해하기 위해 어휘나 표현, 문법 구조, 문장부호 등을 자세히 살펴보며 읽는 것을 말합니다. 정독하는 글은 한번에 쉽게 읽히기보다 다소 읽기 어려운 경우가 많습니다. 글에서 쓰이는 어휘와 표현, 개념이 어려운 경우가 그렇지요. 때문에 글을 읽으며 사전을 찾거나 아는 사람에게 묻거나 앞뒤 문맥으로 뜻을 유추하는 등의 노력을 기울이면서 주요 어휘와 문장의 의미를 파악해야 합니다.

　정독은 글의 의미가 표면에 드러나지 않고 다양한 문학적 장치에 숨겨져 있는 경우에도 필요합니다. 일본 작가 히라노 게이치로는 『책을 읽는 방법』(문학동네)에서 아주 미미한 듯 보이는 조사나 조동사가 문장의 의미를 얼마나 다르게 만드는지 보여 줍니다. '나는 사과를 좋아하기는 한다.'라는 문장은 '나는 사과를 좋아한다.'와는 확연히 다른 의미를 갖습니다. 전자는 후자처럼 단언적이지 않고 뭔가 석연찮지요. 이후의 문장에서 무언가 이어질 것 같은 암시가 깔려 있습니다. 작가마다 가지고 있는 독특한 글의 리듬과 개성은 이러한 문장의 세부 요소에 의해 나타난다고 게이치로는 이야기합니다. 장면 전환, 첫 문장, 대화체 속의 의문문, 특정한 장면의 삽입, 특정한 인물의 등장, 주어의 생략 등 문학적 장치의 효과는 천천히 정독해야 읽어 낼 수 있다고 주장하지요. 그러한 장치를 알아차릴 수 있을 때 글에 대한 풍부하고 깊은 이해와 창의적인 해석이 가능해진다고 합니다.

정독이 아니면 그 뜻을 이해하기 가장 어려운 분야는 아마도 시詩일 겁니다. 시인은 단어 하나, 어미 하나에 사력을 다하며 가장 정제된 언어를 쓰기 때문이지요. 또한 촘촘한 논리 구조를 가지고 있는 글, 예를 들어 철학서나 인문 고전 등도 정독을 요구합니다. 앞서 전제된 논리를 이해하지 않고 건성으로 건너뛰다가는 이후에 전개되는 논리를 제대로 따라갈 수 없기 때문입니다. 그 밖에도 글의 시대적 맥락을 따져 읽거나 저자와는 다른 시각에서 비판적으로 읽을 때에도 정독이 필요합니다.

어휘와 표현, 문장 구조, 문학적 장치, 분야의 특성, 작품 배경에 대한 이해 등 앞에서 밝힌 정독에 필요한 열쇠를 수업에서 가르치려 할 때에도 정독을 하게 됩니다. 그래서 보통 수업에 쓰이는 글은 이 열쇠를 가르치기에 가장 적절한 짧은 글입니다. 예를 들어, 교사가 주장하는 글의 특징과 요소를 가르치고 싶으면, 이를 잘 담고 있는 신문 사설 등을 선택해서 학생들과 함께 꼼꼼하게 읽습니다. 학교의 국어 수업은 정독하는 방법을 배울 수 있는 가장 좋은 기회입니다. 국어 교과서는 정독을 잘할 수 있는 다양한 읽기 기술을 담고 있기 때문입니다.

전통적으로 옛 선비의 읽기 방식은 대부분 정독입니다. 유학자의 공부는 윤리적 측면이 강했기 때문에, 읽기의 제재와 목적, 방법이 모두 삶과 관련이 있었습니다. 따라서 글을 머리로 깊이 이해하는 읽기에서 멈추지 않고 마음으로 외워 새겨 두는 것, 궁극적으로는 행동을 바꾸는 것에 초점을 두었습니다. 정민의 『오직 독서뿐』(김영사)에서는 허균부터 홍길주에 이르는 아홉 명의 문인들이 책 읽기에 대해 쓴 글을 소개하는데, 문인마다 강조점이 약간씩 다르지만 공통적인 부분이 있습니다. 정독의 기술과 태도를 가지라는 겁니다. 한 권의 책을 집중해서 읽기, 여러 번 읽기, 외울 정도로 마음에 담고 내 것으로 만들기, 깊이 생각하며 읽기, 메모하며 읽기, 의문을 가지며 읽기, 읽은 내용을 삶에서 실천하기 등이 그것입니다.

윤리적 가치와 삶의 방식이 비교적 단일했던 시대에는 중요한 몇 가지 경전經典에 대한 사회적 합의가 있었지요. 경전과 그 밖의 글에 대한 위계가 분명했고, 사회적 삶에 필요한 글과 정보의 양도 매우 한정적이었습니다. 만인이 모두 각자의 취향과 가치관을 가진 개인으로 존재한다는 관념도 없었지요. 그래서 옛사람들이 중요하게 여겼던 글이 지금도 따라 읽어야 할 중요한 책이라거나, 정독만이 가치가 있다고 할 수는 없습니다. 나름의 좋은 삶을 위한 읽기가 개인에 따라 다양해졌기 때문입니다. 누구는 『성경』을, 누구는 『불경』을, 누구는 『그리스인 조르바』를 삶의 경전으로 삼을 수 있습니다. 개인의 행복한 여가를 위해 연애소설을 읽는 것, 여행 안내서를 읽고 여행 계획을 짜는 것, 내가 원하는 정보를 잘 담은 책을 고르려고 관련된 서평을 읽는 것, 신문에서 주요 뉴스를 훑어 읽는 것 또한 현대인의 삶을 위한 중요한 읽기가 되었습니다. 그러나 서로 다른 환경에도 불구하고, 옛사람들의 정독이 현대인에게 주는 중요한 함의는 바로 글과 자신을 반추하는 태도입니다. 나의 생각과 행동을 윤리적으로 변화시키고자 하는 글 읽기, 글의 공명을 삶에 투영하려고 스스로 생각하고 고민하는 태도지요.

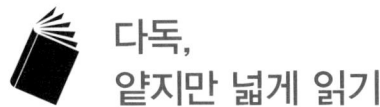
다독,
얕지만 넓게 읽기

　다독은 'Extensive Reading'이라는 용어를 씁니다. '폭넓게 읽기'라고 번역할 수 있겠죠. 정독이 좁지만 깊게 읽기인 데 비해, 다독은 얕지만 넓게 읽기를 말합니다. 정독이 '깊게' 읽기를 강조한다면, 다독은 '넓게' 읽기를 강조합니다. 다독은 정독의 반대말이라기보다 읽기의 강조점을 달리한 것이라고 볼 수 있습니다.

　다독은 글의 일반적인 의미를 파악하는 데 중점을 둔 읽기 방식입니다. 다독의 대상은 길고 쉬운 글일 경우가 많습니다. 즐거움을 위한 독서를 할 때, 우리는 세부 사항을 꼼꼼히 확인하며 읽기보다는 일반적인 의미를 따라가며 읽습니다. 따라서 모르는 어휘나 표현이 나오면 유추해서 뜻을 가늠하고, 주요 부분이 아니라고 판단되면 모르는 채로 넘어가기도 합니다.

　데이비드 에스키David Eskey는 글 읽기를 수영에 비유합니다.[26] 정독이

영법에 맞는 팔과 다리의 움직임을 정확히 배우는 것이라면, 다독은 수영을 많이 연습하는 것과 같습니다. 수영을 잘하기 위해서는 정확성이 좀 떨어지더라도 물 속에서 수영을 하며 감을 익히고, 손발의 움직임을 자동화하고, 물을 즐기는 과정이 필요하지요. 수영 연습에 해당되는 읽기는 자기의 수준과 비슷하거나 약간 쉬운 글을 스스로 많이 읽는 것입니다. 특히 읽기의 발달 과정에 있는 아이들은 다독을 통해서, 사용 빈도가 높은 단어와 표현을 저절로, 자주 접하게 됩니다. 또한 글을 낱글자 단위가 아니라 단어나 문구로 묶어서 큰 덩어리chunk로 읽을 수 있게 됩니다. 따라서 유창성이 높아지고 이해하는 데에 걸리는 시간도 조금씩 빨라집니다. 다독을 통해서 혼자 읽기가 유창해지면, 아이들은 책을 다 읽었다는 성취감과 잘 읽을 수 있다는 자신감이 생기지요. 이러한 성취감과 자신감은 읽기의 동기와 태도에도 긍정적인 영향을 줍니다.

그래서 다독하기에 적절한 글은 아이들이 스스로 읽기에 어렵지 않은 쉬운 책의 범위 안에서, 읽기 흥미와 동기를 강화하도록 아이들이 스스로 고른 책, 표현과 이야기 구조가 비슷한 시리즈물 등이 좋습니다. 교사와 사서는 아이들의 읽기 수준과 흥미를 반영한, 다양한 수준과 분야, 주제의 책을 구비해 놓을 필요가 있지요.

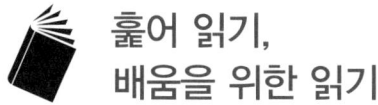 훑어 읽기,
배움을 위한 읽기

　즐거움을 위한 읽기가 아니라 배움을 위한 읽기에도 정독이 아닌 다독의 기술이 요구되는 경우가 있습니다. '훑어 읽기'가 바로 그것인데요. '스캐닝scanning'은 글에서 세부 사항을 찾기 위해 훑어 읽는 것을 의미하고, '스키밍skimming'은 개략적인 글의 요점을 훑어 읽는 것을 말합니다. 예를 들어, 사전에서 모르는 단어를 찾거나, 역사책에서 연도나 인물의 이름을 확인하거나, 서가에서 원하는 책을 찾기 위한 읽기 방식은 스캐닝입니다. 빠르게 글을 읽으면서 원하는 정보만 찾아내는 읽기지요. 이러한 읽기를 위해서는 원하는 정보가 무엇인지를 명확히 하고, 그 정보를 가장 잘 담고 있는 정보가 어디에 어떻게 위치해 있는지 찾아보는 연습이 필요합니다. 예를 들어, 참고문헌에 대한 정보는 통상적으로 글의 맨 뒤나 주석을 살펴야 알 수 있지요. 책의 출판 연도를 알고 싶다면 책의 맨 앞이나 뒷부분의 판권을 살펴봐야 합니다. 책의 제목과 차례를 읽으면서 찾고자 하는 세부 정보가 책의 어디쯤에 위치해 있을지 가늠해 보고 본문을 찾아 읽는 것도 스캐닝입니다.

스키밍은 글을 빠르게 읽으면서 대략적인 개요를 알아내는 읽기 방식입니다. 글이 어떻게 구성되어 있는지 파악하고 저자의 의도를 알아내는 데 초점이 있습니다. 예를 들어, 지금 읽고 있는 이 글을 스키밍하면, 글의 구성이 '현장의 질문 - 각각의 읽기 방식에 대한 설명(정독, 다독, 훑어 읽기) - 제안점'으로 전개됨을 알 수 있습니다. 모든 세부 사항에 주의를 기울이기보다 제목이나 글의 도입부, 장의 제목, 소제목, 문단의 첫 문장, 결론이 되는 마지막 부분을 읽어 보면 글의 개요를 대강 파악할 수 있지요. 이런 읽기 방식은 이 글을 읽을 것인가, 내가 원하는 정보를 찾을 수 있는가, 어떤 부분을 정독하면 좋은가 등을 판단할 때 유용합니다. 특정한 세부 사항을 찾기 위한 스캐닝보다는 개요를 파악하기 위한 스키밍이 더 어렵습니다. 후자는 유창하게 글을 읽는 능력이 있어야 가능하기 때문이지요.

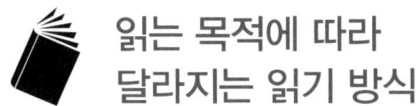
읽는 목적에 따라 달라지는 읽기 방식

　우리는 읽기의 목적에 따라 때로는 정독을, 때로는 다독을, 때로는 훑어 읽기를 합니다. 그리고 때로는 책 한 권을 골라 읽는 과정에서도 여러 가지 읽기 방식을 병행합니다. 예를 들어, 음악 수행평가로 음악가에 대한 책을 한 권 읽고 독후감을 쓰는 아이가 있다고 합시다. 아이는 책을 고르기 위해 도서관을 찾습니다. 제목을 스캐닝하면서 음악가와 관련된 책을 빼놓습니다. 한 권씩 차례 부분을 스캐닝하며 내용을 짐작해 보고, 차례에서 관심이 가는 장과 도입부, 결론을 스키밍하면서 저자의 의도와 내용을 대강 파악합니다. 그러고는 독후감을 쓰고 싶은 책을 골라 찬찬히 정독합니다. 글의 의미를 깊고 풍부하게 파악하기 위해, 해당 음악가의 음악도 들어 보고, 관련된 다른 책과 인터넷 정보도 찾아봅니다. 이 아이는 정독과 훑어 읽기를 병행하고 있지요.

　한 권의 책이라도 읽는 목적에 따라 읽기 방식이 달라질 수 있습니다.『해리 포터』를 재미로 읽는 아이는 다독의 방식으로 시리즈를 읽어 나갈 수 있습니다. 모르는 단어나 표현이 나와도 이야기의 흐름을 방해하지 않으면, 그냥 넘어갑니다. 반면,『해리 포터』와『홍길동전』을 비교해서 발표하라는 과제가 있다면 세부 사항뿐 아니라 주제 의식, 문학적 장치, 시대적·문화적 배경에도 주의를 기울이면서 두 책을 정독해야겠지요. 또 어떤 이는 영문판『해리 포터』를 읽다가 이해가 잘 가지 않아 한글판에서 번역된 부분만을 스캐닝해서 읽을 겁니다. 이처럼 읽기의 방식은 읽기의 목적과 매우 밀접한 관련이 있지요.

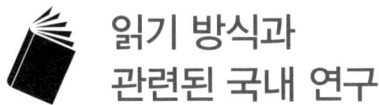
읽기 방식과 관련된 국내 연구

우리 아이들은 다양한 읽기 방식을 책을 읽는 목적에 맞게 활용하고 있을까요? 답을 찾기 전에 어른들은 아이들에게 다양한 읽기 방식을 연습할 수 있도록 충분한 기회를 주었는지 자문해 볼 필요가 있습니다.

읽기 방식과 관련된 국내 연구는 많지 않습니다. 아이든 어른이든 생활 속에서 정독과 다독, 훑어 읽기를 모두 병행하고 있기 때문에 정독이나 다독만 주로 하는 표본을 찾기 어렵고 따라서 연구 결과를 신뢰하기 어렵다는 한계가 있습니다. 매번 같은 책을 계속해서 읽어 달라고 하는 유아와 매번 새로운 책을 읽고 싶어 하는 유아 사이에 창의성이나 이야기 구성력의 차이가 있는지를 살핀 연구가 있습니다.[27] 40일 동안, 다독 집단은 책을 하루에 1권씩 읽어 주어 총 40권을, 정독 집단은 1권의 책을 5일 동안 읽어 주어 총 8권을 읽었습니다. 검사 결과 '같은 책 여러 번 읽어 주기'와 '다양한 책 읽어 주기' 사이에는 유창성, 창의성,

이야기 구성력에 큰 차이가 없었다고 합니다.

초등학교 2, 4, 6학년생을 대상으로 읽기 방식이 자기주도적인 학습 능력에 끼치는 영향을 살펴본 연구도 있습니다.[28] 아이 스스로 자신의 읽기 방식을 다독, 정독, 발췌독, 통독의 기준에 맞추어 척도로 표시하게 했습니다. '다독은 대충 훑어 읽기', '정독은 꼼꼼히 읽기', '발췌독은 보고 싶은 부분만 골라 읽기', '통독은 처음부터 끝까지 읽기'로 정의했습니다. 연구 결과 자기주도적인 학습 능력에 가장 긍정적인 영향을 끼치는 읽기 방식은 2학년생의 경우 통독, 4, 6학년생의 경우 정독인 것으로 밝혀졌습니다. 다독은 부정적인 영향을 주는 것으로 나타났는데, 연구자도 정독과 다독의 구분이 어렵다고 밝히고 있듯이, 기준을 제시할 때 다독의 장점인 넓게 읽기보다 한계인 얕게 읽기를 강조했기 때문이 아닐까 싶습니다. '한번에 많은 양을 읽는다.'라거나 '다양한 책을 읽는다.'로 조작적 정의를 했다면 결과가 달라지지 않았을까 생각해 봅니다.

학교 성적은 우수하나 읽기 부진인 5학년 남학생의 사례 연구에서는 읽기 부진의 원인 중 하나로 정독하지 않는 습관을 지적합니다.[29] 이 아이는 학습에 매우 열성적인 부모에게서 자라 책을 많이 읽었지만, 주로 만화책을 읽었고 일반도서는 반납 시간에 쫓겨 제목과 내용만 대강 읽었습니다. 따라서 책의 줄거리는 대강 알지만 세부 사항은 기억하지 못하거나, 여러 책의 이야기를 혼동하기도 했습니다. 연구자는 부모와 아이에게 보여 주기 식 읽기의 한계점과 정독의 필요성을 설명하고, 정독 기술을 가르쳐 주었습니다. 읽고 난 후에는 줄거리와 세부 사항을 나누어 이야기하고, 느낌과 생각을 이야기하고, 새로운 어휘는 기록하게 했습니다. 그 결과, 아이의 읽기 부진은 점차 극복되었습니다.

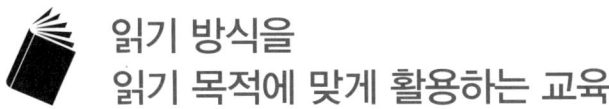
읽기 방식을
읽기 목적에 맞게 활용하는 교육

앞서 설명한 대로 읽기 방식은 읽기 목적과 글의 난이도에 맞추는 것이 가장 적절합니다. 그런데 앞의 5학년 남학생 사례에서처럼 독서에서 교육과 지도보다 검사와 평가가 강조될 때 읽기의 목적은 왜곡됩니다. 읽기의 목적이 좋은 평가받기가 되는 거지요. 아이들은 평가 기준에 최적화된 읽기 방식을 선택하게 됩니다. 몇 권을 읽었는지가 평가의 기준이 되면 권수를 늘리는 읽기 방식을 선호하게 됩니다. 그래서 얇고 쉬운 책을 주로 골라 줄거리만 빨리 읽는 습관이 들기 쉽지요.

읽은 것을 확인하기 위한 퀴즈가 평가 기준이 되면 숨겨진 의미에 대한 해석보다는 드러나 있는 사실에 치중하는 읽기를 하게 됩니다. 그래서 『강아지똥』(권정생 지음, 정승각 그림, 길벗어린이)에서 '강아지똥'을 만난 동물이 병아리가 아니라 다람쥐여도 되지만 '병아리'를 기억하는 것을 우선하게 됩니다. 오히려 강아지똥을 다른 시각으로 바라보는 이가 우체부나 가게 주인이 아니라 왜 '농부'인지, '왜 그런지'가 중요하지만 이는 드러나 있지 않기에 주의를 기울이지 않게 됩니다.

또한 읽고 활동지의 질문에 답하는 것이 평가 기준이 되면 활동지 질문 외의 질문을 던지거나 다른 상상력을 갖기 어렵습니다. 아이가 직접 책을 고르지 못하고 골라 준 것만 읽어야 하면 스캐닝과 스키밍을 제대로 연습할 기회도 잃습니다. 자기가 원하는 정보를 얻고자 하는 읽기, 자기가 정독하고 싶은 책을 고르기 위한 읽기의 기회를 잃습니다.

읽기 독립이 막 시작되어 쉬운 읽기를 많이 연습해야 할 초등학교 1학년생에게 정독해야만 겨우 읽어 낼 수 있는 위 학년대의 책을 읽으라고 한다든가, 읽기를 싫어하는 아이에게 정독해야만 이해할 수 있는 책을 주로 골라 준다든가, 정독해야 읽을 수 있는 책을 빨리, 많이 읽어 내라고 독촉하는 것 모두 읽기의 목적과 방식이 잘 맞지 않는 경우입니다.

그렇다면 어떻게 지도하면 좋을까요? 정독의 경우, 정독을 확인하는 방법이 교과서 글에 대한 시험에 국한되다 보니, 아이들의 관념 속에 정독의 기술은 교과서와 시험지를 읽을 때로 한정되는 경우가 많습니다. 정독을 다른 책 읽기에도 응용해서 연습하고 적용할 수 있도록 도와주어야겠지요. 교사들이 사서교사와 협조하여 현재 가르치고 있는 주제에 맞춰 정독의 기술을 잘 활용할 수 있는 적절한 책을 소개해 주면 좋습니다. 시의 해석을 가르친다면 시집을 소개하고, 복선을 가르친다면 복선이 중요한 문학적 장치로 쓰인 소설을 소개할 수 있겠지요.

그림책을 읽을 때 아이와 그림을 자세히 읽고 대화하는 것도 정독에 도움이 됩니다. 글에는 드러나지 않는 등장인물의 감정이나 분위기, 배경, 복선 등을 읽을 수 있기 때문입니다. 완성도가 높은 그림책일수록 그림 속에 숨은 의미가 잘 배치되어 있습니다. 그림의 의미를 적극적으로 캐내는 읽기는 좋은 정독 습관으로 자리 잡을 수 있습니다.

초등 단계라면 교사가 책의 일부분을 읽어 주면서 '소리 내어 생각하기thinking aloud'를 합니다. 교사의 머릿속에서 일어나는 생각과 느낌을 말로 들려주는 거지요. 소리 내어 읽기를 본보기로 보여 주듯이, 어떻게 독해하는지에 대해서도 본보기를 보여 주는 겁니다. 또한 수업에서 글 해석의 주도성을 아이들에게 좀 더 열어 놓는 것도 아이들의 정독에 도움이 됩니다. 책을 읽고 자신이 이해한 것을 이야기, 토론, 발표, 글쓰기, 책 만들기, 연극 등으로 다양하게 표현하게 하는 것도 도움이 됩니다.

맥클라우드는 다독을 촉진하는 활동으로 각자 읽은 내용을 친구에게 이야기하기, 책을 교환해서 읽기, 독서동아리 활동하기, 독서기록장에 간단히 기록해 두기 등을 제안합니다. 교사는 가능하면 아이가 단어의 뜻을 알고 있는지 검사하거나 일일이 설명하지 않도록 주의합니다. 다독에 적합한 쉬운 책을 읽는다면 아이는 앞뒤 문맥에 비추어 스스로 의미를 유추하고 사건을 예측할 수 있기 때문입니다. 교사는 '아침 독서'와 같은 자유로운 읽기 시간을 마련해 주고, 아이들이 혼자 읽기를 할 때 앞에서 똑같이 자신의 책을 읽음으로써 좋은 본보기가 되어 줍니다. 경우에 따라서는 아이들이 스스로 읽을 수 있는 책의 등장인물, 배경, 주제 등을 교사가 흥미 있게 소개하고 첫 장을 읽어 주면 아이들의 호기심을 자극할 수 있습니다.

검사와 평가보다 교육과 지도의 비중을 높이는 것은 읽기의 목적을 다른 사람이 아닌 아이들이 정하도록 해 줍니다. 이는 정독과 다독, 훑어 읽기를 목적에 맞게 즐길 수 있게 하는 교육이지요.

소리 내어 생각하기

소리 내어 생각하기를 좀 더 시각화하는 방법입니다.

① 두꺼운 종이에 만화에서 쓰이는 생각풍선을 그려 중앙을 뚫어 놓습니다. 사람 얼굴이 들어갈 만한 크기의 구멍이면 됩니다.

② 교사가 책을 읽어 주다가 소리 내어 생각하기를 할 때 생각풍선 안에 얼굴을 넣고 이야기합니다.

앞 이야기를 요약하거나, 낯선 어휘나 표현의 의미를 유추하거나, 뒷이야기를 예측하거나, 그림에서 작가의 숨은 의도를 찾거나, 질문을 하거나, 자신의 느낌과 경험을 말합니다.

"이 부분은 잘 모르겠다. 그렇다면 ~를 주목해서 봐야겠는 걸.", "읽다가 다시 이 부분으로 되돌아와야겠다.", "사전을 찾아봐야겠다." 등 이해가 잘 가지 않을 때 어떤 방법으로 이를 해결하려고 노력하는지 보여 주는 것도 도움이 됩니다.

한꺼번에 너무 많은 생각을 말하지 말고 조금씩 말하며 시범을 보입니다. 아이들은 유능한 독자가 책을 읽을 때 속으로 어떤 생각을 하는지 관찰할 수 있습니다.

③ 여러 번의 시범을 보인 다음 아이에게 생각풍선을 줍니다. 교사가 책을 읽어 주면서 소리 내어 생각할 거리가 있으면 생각풍선을 얼굴에 대고 말하게 합니다.

6장

아이의 수준에 맞는 책이라는 걸 어떻게 아나요?

> "요즘 책 표지에는 유아용, 저학년용, 고학년용 등 독자의 적정 연령층을 적어 놓는데요. 이대로 읽히면 될까요?"
>
> "영어처럼 레벨 테스트를 하는 것도 아니라서 어느 정도 수준의 우리말 책이 아이에게 맞는지 모르겠습니다."
>
> "우리 반 아이들의 읽기 수준이 천차만별이에요. 책을 읽어 주거나 추천하기에 적절한 책을 알고 싶어요."

"엄마", "아빠", "맘마"가 자신이 할 수 있는 말의 전부인 아이의 언어 수준을 판단하는 건 어렵지 않습니다. 이후 아이가 사용하는 언어 수가 폭발적으로 늘더라도 읽어 주는 글을 듣고 이해하는 단계라면 어떤 책을 이해할 수 있는지 쉽게 감이 옵니다. 스스로 글을 읽지 못하는 아이는 글을 받아들이게 하는 매개, 즉 읽어 줄 사람이 필요하기 때문이지요. 부모를 대상으로 한 강연에서 아이가 요즘 어떤 책을 읽는지 다섯 권만 적어 보라고 했을 때, 듣자마자 책 제목을 적는 분들은 대부분 학령 전 아동의 부모입니다. 매일 부대끼며 글과 아이 사이를 소리 내어 매개하고 있기 때문이지요. 초등학교 5~6학년생 학부모만 되어도 책 제목을 떠올리느라 천장에 눈동자가 한참 머물고, 중학생 학부모쯤 되면 '날더러 어쩌라고.' 하는 표정으로 그저 웃습니다. 자연스러운 일입니다.

글을 소리로 매개할 때, 어른들은 아이가 이해하기 어려워하는 즉시 알아차릴 수 있고 즉각적인 피드백을 줄 수 있으며 되물을 수 있습니다. 모르는 단어나 표현에 대한 질문을 긍정적으로 받아 주는 분위기만 되면, 어린아이들은 큰 아이들보다 훨씬 솔직하게 자신이 모르는 단어나 표현에 대해 질문합니다. 그래서 읽어 주기를 많이 하는 부모는 아이가 알고 있는 어휘를 정확히 알고, 그 어휘를 알게 된 경위까지 파악하고 있기도 합니다.

아이가 대부분의 책을 스스로 읽게 되면 어떤 책을 얼마나 소화하느냐는 전적으로 아이의 머릿속 일이 됩니다. 어떤 책을 이해할 수 있는지도 가늠하기 어렵습니다. 아이의 수준에 맞는 책을 찾기 위해서는 무엇을 살펴야 할까요? 이 장에서는 읽기 수준을 결정짓는 여러 요인을 알아보겠습니다.

읽기 난이도 측정으로 읽기 수준 판단하기

읽기 능력이 발달해 가는 아이에게 어느 정도 수준의 글이 적절한지 판단하려면 여러 가지를 고려해야 합니다. 아이의 읽기 수준을 판단할 때 가장 먼저 떠오르는 기준은 글이 얼마나 어려운가, 즉 글 자체가 가지고 있는 난이도겠지요. 한국에서는 읽기 난이도를 측정하는 척도가 아직 개발 중이지만, 양적 평가가 발달된 미국은 읽기 난이도를 평가하는 척도를 다양하게 만들어 왔습니다. 가장 단순하면서도 오래된 방식은 단어의 길이와 문장의 길이에 따라 글이 얼마나 읽을 만한가를 수치화하는 겁니다. 이를 '독이성讀易性, readability'이라고 합니다. 대표적인 독이성 측정 공식은 두 연구자의 이름을 따서 만든 '플레쉬 킨케이드 Flesch Kincaid 읽기 등급'으로, 한 문장에 단어의 수가 얼마나 많은지, 한 단어에 음절이 얼마나 많은지에 따라 점수를 매깁니다.

플레쉬 킨케이드 읽기 등급 =

0.39×(총 단어 수/총 문장 수)+11.8×(총 음절 수/총 단어 수)-15.59

    갑자기 수학 공식이 나오니 복잡해 보이지요? 하지만 원리는 간단합니다. 이 공식은 영어에만 적용되는데, 한 문장에 단어가 많을수록, 한 단어에 음절이 많을수록 읽기 어려워지는 경향이 있다는 상식을 공식으로 만들어 놓은 겁니다.

    예를 들어, "The cottage was by a lake."라는 문장에서 문장은 1개, 단어는 6개, 음절은 7개입니다. 공식에 따라 계산해 보면 플레쉬 킨케이드 읽기 등급은 '0.51'입니다. "Nearly every weekday afternoon Matilda was left alone in the house."는 문장 1개, 단어 11개, 음절 17개입니다. 읽기 등급은 '6.93'입니다. 이 등급의 숫자는 각 학년을 뜻합니다. 그래서 '6'이 나오면 초등학교 6학년 수준의 글, '8'이 나오면 우리의 중학교 2학년 수준의 글이라고 보면 됩니다. 이 공식을 가장 충실하게 따르는 글은 교과서와 읽기용 교재입니다. 미국의 교과서를 만드는 대형 출판사는 대부분 독이성 측정 공식에 맞추어 책을 고르고 글을 씁니다. 그러나 이 공식은 기계적인 계산법이기 때문에, 단어와 문장이 짧지만 친숙하지 않은 단어가 많거나 내용이 어렵거나 문장 구조가 복잡하면 쉬운 글로 잘못 판단할 위험이 있습니다.[30]

    그래서 단어와 문장의 길이를 기준으로 난이도를 측정하는 방식에서 좀 더 나아가, 단어가 얼마나 친숙한지, 문장 구조가 얼마나 복잡한지도 따져 읽기 난이도를 측정하는 척도가 등장합니다. 대표적으로 '렉사일 지수Lexile measure'를 들 수 있는데, 미국의 독서교육 현장에서 아이의 읽기 수준에 맞는 책을 골라 줄 때 가장 애용되는 척도입니다. 교육평가 회사인 메타메트릭스사Metametrics Inc.에서 만든 렉사일 지수[31]는 'L lexile'이라는 단위를 사용하며, 막 읽기를 시작한 0L부터 대학원 수준의 2000L까지 숫자로 표기됩니다. 글의 경우 렉사일 지수가 낮을수록 이해가 쉬우며, 높을수록 복잡하고 이해가 어렵습니다. 읽기 능력 또한 렉사일 지수가 낮을수록 읽기 수준이 낮은 독자이며, 높을수록 읽기 수준이 높은 독자입니다.

미국의 교사나 사서, 부모 들은 아이의 렉사일 지수와 책의 렉사일 지수를 맞추어 읽도록 지도합니다. 웹사이트https://lexile.com/에서 책의 렉사일 지수를 알아내거나, 아이의 렉사일 지수에 맞는 책을 찾을 수 있습니다. 예를 들어, 읽기 능력이 300L인 아이에게 렉사일 지수가 880L인 책 『해리포터와 마법사의 돌』(조앤 K. 롤링 지음, 문학수첩)을 권한다면 모르는 단어와 문장이 많아서 이해가 좀 어렵겠지요. 300L인 아이에게는 300L에서 100L 정도 낮거나 50L 정도 높은 지수의 책을 권합니다. 200~350L 정도로요. 예를 들어, 260L인 『윌리와 휴』(앤서니 브라운 지음, 웅진주니어)나 340L인 『요 사고뭉치들 내가 돌아왔다』(해리 알러드 지음, 문학동네) 등이 해당되지요.

300L의 독자는 도움 없이 혼자 읽었을 때 300L로 분류된 책의 75%를 이해할 수 있을 겁니다. 책의 75%를 이해하는 정도의 난이도는 혼자 읽기에 지나치게 쉽지도 너무 어렵지도 않은 적절한 도전 의식을 줍니다. 렉사일 지수는 다음과 같은 경우에 유용하게 이용됩니다. 교사들이 시간에 쫓겨 다수의 아이들에게 책을 읽히거나 추천해 줄 때, 렉사일 지수를 아이들에게 직접 찾아보게 합니다. 또한 교사가 어린이책을

많이 읽어 보지 못했거나 다양한 수준의 어린이책을 잘 모를 때 참고할 수 있습니다. 현재 읽고 있는 책을 기준으로 비슷하거나 한 단계 더 어려운 책을 찾아볼 때도 유용합니다. 책의 읽기 수준이 지수로 가시화되어 있기 때문에, 아이는 자신의 읽기 수준이 점점 높아지고 있는 걸 확인할 수 있지요. 그리고 좀 더 높은 지수의 책을 읽고자 하는 외적 동기를 얻을 수 있습니다.

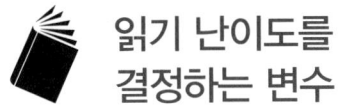
읽기 난이도를 결정하는 변수

학자들에 따르면, 글을 읽기 쉽게 혹은 어렵게 만드는 요소는 어휘와 문장 구조뿐만 아니라 훨씬 다양하다고 합니다. 대표적인 예로 '개념'이 있습니다. 문장이 짧고 단어도 쉽지만 『논어』의 구절은 개념의 진의를 해석하기가 쉽지 않습니다.

> 배우고 때때로 익히면 또한 기쁘지 아니한가. 벗이 있어 먼 곳에서 찾아오면 또한 즐겁지 아니한가. 남이 알아주지 않아도 성내지 않으면 또한 군자가 아니겠는가.

이 문장의 뜻을 초등학교 1학년생에게 물었더니, "공부 열심히 하고 복습하면 시험도 잘 보니 기분이 좋지? 멀리 사는 친구가 찾아와서 같이 노니 재미있지? 남이 내 얼굴을 못 알아봐도 화를 안 내면 군자라는 사람이 된다."라고 해석합니다. 단어의 표면적인 뜻은 알아도 문장이 의미하는 개념을 독해하지 못한 셈이지요.

또한 경전은 짧은 문장 속에 여러 개념을 매우 촘촘하게 배치해 놓습니다. 그래서 한 글자를 가지고도 그 개념 해석에 몰두해야 의미 파악이 가능합니다. '학學, 배운다'는 게 무엇인지, '습習, 익힌다'는 게 무엇인지 등 한 문장에 녹아 있는 의미의 밀도가 매우 높습니다.

글의 구조 또한 읽기 난이도를 결정하는 변수로 작용합니다. 구조가 잘 짜인 글, 문장의 연결이 부드럽고 자연스러운 글은 읽기가 수월합니다. 구절이 반복되거나 서사의 패턴이 반복되어 예측이 쉬워져도 글이 쉽게 읽힙니다. 이 밖에도 글의 분야와 집필 시기는 읽기 난이도를 결정하는 변수입니다.

글자가 담고 있는 내용뿐 아니라, 글자를 담는 그릇도 읽기 난이도를 결정하는 중요한 요소가 됩니다. 혼자서도 그림책을 잘 읽던 아이들이 글만 있는 동화책을 펼쳐 보고 겁을 먹는 이유가 여기에 있습니다. 글자 수는 많아졌는데 글자 크기는 작아져 책이 글자로 빽빽합니다. 글자 모양이 동일하고 글자의 색과 배치도 변화가 별로 없습니다. 총천연색 화보를 보다가 갑자기 모눈종이를 보는 느낌일 겁니다.

또한 글자의 의미 이해를 돕던 그림도 사라집니다. 의미 파악을 위한 단서가 없어지는 셈이지요. 글자의 모양이나 크기, 다이어그램, 그래프, 하이라이트, 글과 그림의 배치는 모두 읽기를 수월하게 만들어 줍니다. 어른의 지식정보책에 비해서 아이의 지식정보책에 유난히 다양한 시각 변화가 많은 까닭은 읽기 이해를 높이는 단서를 많이 제공하기 때문입니다. 이처럼 글의 시각적 특성은 읽기 난이도에 영향을 줍니다.

단어 및 문장의 길이는 기계적으로 계산할 수 있지만, 개념의 복잡성, 밀도, 글의 구조와 일관성, 시각적 요소 등은 컴퓨터 등으로 자동 계산할 수 없습니다. 따라서 전문가가 읽고 판단하는 질적인 평가를 거쳐야 합니다. 이와 같이 글의 난이도를 분류하는 작업은 양적이고 질적인 요소가 모두 필요합니다.

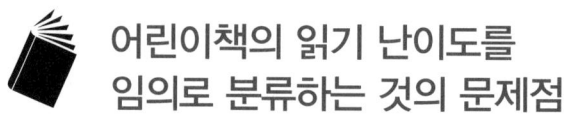
어린이책의 읽기 난이도를 임의로 분류하는 것의 문제점

한글 어린이책은 양이나 질적인 면에서 학술적으로 검증된 척도가 아직 없습니다. 책 앞에 '유치원생용', '저학년용', '고학년용'이라는 표시는 출판사가 임의적으로 붙인 겁니다. 임의적으로 독자의 연령층을 분류하는 것 자체는 책의 타깃 독자와 내용, 난이도에 대한 정보를 준다는 점에서 긍정적입니다. 이는 책 선택을 도울 수 있는 정보가 되지요. 그러나 문제는 이 표시를 책의 표지에 붙여 놓아 오히려 선택을 방해하기도 한다는 겁니다. '고학년을 위한 ~', '초등학생을 위한 ~'이라는 문구가 붙는 순간 중학생은 그 책을 선택하기 민망해집니다. 특히 제 학년보다 읽기 수준이 낮은 아이의 읽을거리가 현저히 줄어들게 됩니다. 초등학교 5학년생이라도 읽기 수준이 2학년 평균과 비슷하다면, 그림책이나 저학년 문고가 읽기 가장 적절하지요. 그런데 책 표지의 문구 때문에 창피해하며 저학년 문고를 선택하지 않습니다.

독자의 연령층을 분류한 표시는 책의 선택을 돕는 게 아니라 아예 배제하게 하지요. 임의적 분류는 교사나 사서, 부모를 위한 참고 자료로만 제공되는 편이 책 선택에 훨씬 도움이 됩니다. 표시하더라도 책의 표지보다는 내지에 작게 하는 편이 낫지요. 위 학년의 학습 내용을 아는 것을 마치 우등생의 척도로 받아들이는 우리의 그릇된 문화에서는 위 학년용 표시가 있는 책을 읽는 것은 유능한 독자의 훈장처럼 보입니다. 영화의 연령 제한 제도는 청소년 관객 보호 차원에서 영화의 소재와 주제를 이해할 수 있는 최소한의 연령을 정해 줍니다. 이와 반대로 책 읽기에서는 제 학년 이하로 난이도가 정해진 책을 읽는 것이 퇴보인 양 여겨집니다. 그래서 유치원생은 어서 빨리 저학년 문고를 읽는 것으로, 저학년생은 고학년 동화를 읽는 것으로, 고학년생은 중고생을 위한 책을 읽는 것으로 발달을 증명하려 합니다. 이런 잣대라면 그림책을 아직 설레는 마음으로 들여다보는 중년의 저는 읽기 퇴행을 거듭하는 셈입니다.

영국은 미국처럼 렉사일 지수와 같은 양적인 척도를 잘 쓰지 않고, 영화 등급과 같은 방식으로 적정 연령대를 나타냅니다. '13+'라면 13세 이상은 되어야 읽기에 적절하다는 뜻입니다. 이 숫자는 책에 쓰지 않고, 추천도서나 독서 프로그램의 적정 연령대를 소개할 때 표시됩니다. 이 방식은 읽기 수준을 최소한으로만 나타냄으로써, 책을 선택할 수 있는 자유를 열어 놓습니다. 책의 객관적 난이도보다 독자의 개별 요인을 좀 더 강조하는 편이지요.

출판사가 임의적으로 읽기 난이도를 분류할 때 앞에서 언급한 여러 가지 사항을 고려했는지 판단해 보면 의심스러운 부분이 많습니다. 특히 지식정보책의 경우 언뜻 읽어 봐도 본문과 해설의 난이도 차이가 매우 심합니다. 그리고 동화의 경우 주제의 심오함과 복잡성을 무시한 채, 단순히 문장을 줄이고 쉬운 단어를 채택하는 방식으로 난이도를 낮추기도 하지요. 교과서 외의 도서와 자료를 수업에 적극적으로 활용하기 시작한 우리에게는 제각각인 출판사의 임의적 분류를 넘어 읽기 난이도에 대한 새로운 가이드라인이 필요합니다.

책 읽기에 부여하는 의미를 이해하자

지금까지는 단어와 문장의 길이, 개념의 복잡성과 밀도, 글의 예측 가능성, 구성의 일관성, 분야, 시대, 시각 정보의 제공 등 읽기 난이도를 정하는 데 필요한 것 중 글 자체가 가진 요소를 살펴보았습니다. 그런데 아이가 자신의 수준에 맞는 책을 고를 때 글의 객관적 특성만이 중요할까요?

책 읽기의 맥락을 강조하는 학자들은 어른이든 아이든 책을 읽을 때 독자의 개별 요인이 매우 중요하다고 합니다. 사람들은 목적에 따라 다양한 난이도의 책을 읽지요. 예를 들어, 제가 미용실에서 파마를 말 때 읽는 글과 대학 강의 준비를 위해 읽는 글은 난이도 차이가 매우 큽니다. 여가를 위한 읽기와 학습을 위한 읽기는 목적이 다르기 때문이지요. 아이들이 책을 고를 때나 아이들에게 책을 추천할 때 어떤 목적으로 읽으려고 하는지를 생각할 필요가 있습니다. 잠을 청하려고 읽는 책, 시험 준비를 위한 책, 시끄러운 지하철에서 시간을 보내기 위해 읽는 책 등은 각기 다른 정도의 집중력을 요구하기 때문이지요.

또한 독자가 가진 주제에 대한 흥미와 배경지식 정도에 따라서도 책의 읽기 난이도와 몰입도는 달라질 수 있습니다. 관심이 있고 배경지식이 많은 주제의 글은 어려워도 읽고 싶은 동기가 강하지만, 그렇지 않은 글은 쉬워도 읽으려는 동기가 약합니다. 글 자체의 어려움보다 독자의 동기가 읽기 난이도를 결정하는 중요한 요소가 됩니다.

같은 책이라 할지라도 독자가 읽기에 부여하는 의미에 따라 읽기의 깊이와 초점이 달라집니다. 최근 학교에서 독서퀴즈대회를 치른 제 아이를 예로 살펴보지요. 아이는 평소와는 매우 다른 방식으로 책을 읽었습니다. 독서퀴즈대회라는 맥락, 그리고 아이가 이에 부여하는 의미가 책 읽기 방식을 다르게 만들었습니다. 독서퀴즈대회가 아니라면 고르지 않았을 책이었지만 열심히 읽었습니다. 아이는 지난 몇 년간 독서퀴즈대회에서 상 받았던 걸 기억하며 자신은 나름대로 읽기에 자신이 있다고 생각했지요. 그래서 이번 대회에서 전학생인 자신의 존재감을 반 친구들에게 드러내고 싶다는 소망을 품었습니다. 그러나 모든 아이들이 독서퀴즈대회에 같은 의미를 부여하지는 않았습니다. 상장과 도서상품권이 상품이어서 더 열심히 한 아이도 있었고, 충분히 잘 읽을 수 있는 난이도의 도서들인데도 성적에 들어가지 않는다는 이유로 읽지 않는 아이도 있었습니다.

제 아이는 독서퀴즈대회 준비형 독서를 했습니다. 문제는 사지선다로 출제되기에 아이는 책에 나온 사실과 정보를 충실하게 기억하려 애썼습니다. 저에게 예상문제를 뽑아 달라며 읽은 내용을 점검하려고 했지요. 눈치 없는 엄마의 "넌 어떻게 생각해?", "꼭 그래야 했을까?"라는 비판적인 질문은 시간 낭비이므로 삼가야 했습니다. 아이는 "뭐라고 부를까요?", "어느 나라일까요?", "어떤 일이 벌어졌나요?"에 최대한 집중했습니다. 열심히 준비한 아이는 대회를 원하는 성적으로 잘 치렀고, 사건이 벌어졌을 때의 주인공 나이가 헷갈려 한 문제를 틀렸다며 아쉬워했습니다.

아이들이 책 읽기에 부여하는 의미에 따라서 읽는 책의 난이도와 초점은 매우 달라집니다. 비슷한 국어 성적을 가진 두 아이였지만, 제 아이가 이번 독서에 쏟은 의미는 전학생으로서의 존재감 증명이었고, 어떤 아이에게는 에너지를 낭비하고 싶지 않은 학교 행사였던 거지요.

 ## 자기 '밥책' 찾기

 글 자체의 난이도는 양적·질적 척도로 어느 정도 객관화할 수 있지만, 독자와 상황에 대한 맥락은 매우 주관적이며 가변적입니다. 컴퓨터가 대신할 수 없는, 사람만이 알아낼 수 있는 거지요. 책의 읽기 난이도 지수와 아이의 읽기 난이도 점수를 연결하는 작업은 컴퓨터를 다루는 사람이면 누구나 할 수 있습니다. 심지어 사람 없이 시스템만 구축되어 있어도 가능합니다. 그러나 시스템은 아이의 현재 상황에서 읽을 수 있는, 읽고 싶은 책의 난이도를 알아내기 어렵습니다. 이를 판단하는 능력은 교사와 사서가 가질 전문성의 한 축입니다. 어떤 책이 고학년에게 적합하다든가, 렉사일 지수 800L이라든가, ○○연구모임의 5학년 추천도서라는 전문가의 판단을 참고하되 전적으로 의존해서는 안 됩니다. 아이를 관찰하고 대화하면서 아이의 감정과 상황으로부터 읽기의 맥락을 알아내야 적절한 난이도를 판단할 수 있습니다. 책에 대한 앎,

아이에 대한 앎, 그리고 이 둘을 의미 있게 만나게 해 줄 맥락에 대한 앎이 모두 필요하지요.

　교사나 사서, 부모는 아이가 스스로 자신에게 어떤 수준의 책이 적절한지를 가늠하는 결정자가 되도록 가르쳐야겠지요. 이를 위해 교사나 부모는 다음과 같은 방법으로 아이를 도울 수 있습니다. 먼저, 이 책이 자신의 독서 목적에 맞는 난이도인지 생각해 보라고 합니다. 아침 독서 시간에 집중해서 읽을 책인지, 독서동아리에서 읽고 토론할 거리가 많은 책인지, 자기 전에 편히 읽을 짧고 쉬운 책인지를 말이죠. 글자를 읽기 시작한 아이가 스스로 읽을 거라면 쉬운 책을 고르고, 누군가 읽어 준다면 스스로 읽는 책보다 조금 어려운 책을 고르도록 합니다.

　다음으로, 아이가 본문을 직접 읽으며 자신의 이해도를 스스로 판단하도록 합니다. 이 책의 1장에서 언급한 간식책, 밥책, 보약책을 기억하시나요? 아이의 읽기 난이도를 가늠하는 간단한 방법이지요. 집중해도 어려운 책은 정보량이 너무 많아 해독만 하고 독해는 못하게 됩니다. 글자는 읽었지만 이해가 되지 않아 간식도 밥도 보약도 아닌 설사가 되지요. 읽고 난 뒤 아무런 영양소도 남기지 않는 거죠. 이런 경험이 반복되면 이해하지 않으면서 글자만 읽는 습관이 들거나 읽기 자체를 거부하며 읽기에 대한 자신감이 낮아질 수 있습니다. 아이의 읽기 수준이 또래와 달라도 자신의 '밥책'을 중심으로 읽으라고 격려해 줍니다. 사람마다 밥책이 다르니 다른 친구들과 비교할 필요는 없습니다. 소화할 수 있는 만큼의 정보를 자신의 것으로 만들면서 독해 능력이 발달할 수 있기 때문이지요.

하이-로 책 추천하기

'하이-로 책High-Lo books'이란 책의 내용에 대한 흥미는 자기 연령에 맞지만High interest 읽기 난이도는 낮은Low reading level 책을 말합니다. 같은 연령대에 비해 읽기가 부진한 아이들은 수업에서 다루는 책이나 학년별 추천도서를 잘 읽지 못합니다. 이들이 읽어서 이해할 수 있는 글의 수준이 낮기 때문이지요. 그렇다고 어린아이들이 읽는 책을 권하면 내용이 유치하다고 느끼거나 주제에 관심을 갖지 못해 재미를 붙이지 못합니다. 이런 아이들에게는 쉽게 읽히지만 담고 있는 주제나 이야기가 높은 연령대에게도 매력적인 책들이 도움이 됩니다. 대표적인 하이-로 책으로 '윔피 키드 시리즈'(제프 키니 지음, 푸른날개)가 꼽힙니다. 초등학생들이 읽을 수 있는 수준이지만 청소년도 즐겁게 읽을 수 있지요. 그 밖에도 유아용으로 특화되지 않은 대부분의 그림책은 하이-로 책으로 활용될 수 있습니다.

하이-로 책은 읽기 부진아의 독해 발달을 도울뿐더러, 독서의 즐거움을 경험하게 합니다. 하이-로 책 목록은 읽기 부진아뿐 아니라 이민자의 국어 교육에도 유용하게 쓰입니다.

7장

만화책을 좋아하는데
계속 보여 줘도 될까요?

"아이가 만화책을 엄청 좋아해요. 만화책으로 한자에도 흥미를 붙이고, 역사나 과학 지식도 얻는 듯해서 계속 사 주었는데, 만화책만 좋아하고 글만 있는 책을 주면 잘 안 읽으려고 해요. 계속 만화책을 읽혀도 될까요?"

만화책 읽기에 대한 고민은 강연 때 가장 많이 받는 종류의 질문이자 가장 대답하기 어려운 질문입니다. 만화책 읽기에 대한 연구가 걸음마 단계이기도 하지만 만화책을 많이 읽는 것이 고민인 나라는 세계적으로 별로 없기 때문입니다. 거의 모든 아이들이 만화책을 주로 읽는 건 동아시아, 특히 한국과 일본에 특수한 현상인데, 연구물이 있더라도 주로 학습만화의 교육적 활용에 한정되어 있습니다.

만화책은 도서관에서 아이들의 시선을 가장 많이 붙잡고, 대출 빈도도 가장 높으며, 판매 부수도 많지요. 「2011 콘텐츠 산업통계」를 살펴보면, 만화 출판물 중 어린이 학습만화가 70%가량을 차지합니다. 「2011년 국민독서실태조사」에 의하면, 초등학생은 소설(17.7%), 학습용 만화(17.4%), 오락용 만화(15.1%) 순으로 많이 읽습니다. 만화 읽기의 비중이 매우 높다는 걸 알 수 있습니다.[32]

지금은 만화책을 소장용으로 구입하고 도서관과 가정의 서가에 꽂아 두는 시대에 살지만, 만화책이 불량식품과 동급으로, 만화방 출입은 당구장 출입인 양 여겨지던 시절이 있었습니다. '가정의 달'을 맞아 아이들을 보호한다는 명목으로 만화책 화형식을 벌이기도 했습니다. 1992년에 아트 슈피겔만의 『쥐』(아름드리미디어)가 만화로는 최초로 퓰리처상을 수상하기까지, 만화는 어린이들이 보는 가벼운 책, 양서와는 거리가 먼 책으로 여겨졌습니다. 만화에 대한 부정적인 시각이 강했던 이때, 지금 한국의 부모와 교사, 사서 대부분이 학창시절을 보냈지요.

하지만 만화에 대한 무조건적인 금기를 주입했던 학창시절의 가르침과는 달리, 요즘 초등학교 학부모의 대다수는 만화책 읽기의 긍정적인 측면을 인정하고 있습니다. 특히 학습만화가 학교 수업, 정보 획득, 정보 문제 해결에 도움이 된다고 인식하고 있습니다. '학습만화 읽기가 일반도서 읽기로 확대되는 데 영향을 주는가?'에 대해서도 학생의 79%, 학부모의 68.5%가 긍정적으로 대답했습니다.[33]

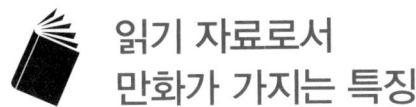
읽기 자료로서 만화가 가지는 특징

 아이들은 왜 만화책에 빠져드는 것일까요? 만화책은 글과 그림을 함께 제공하기 때문에 이해하기 쉽습니다. 글은 문자라는 하나의 양식만 이용합니다. 글을 해독하기 위해서는 문자라는 임의적인 약속, 즉 놀처럼 생기지 않아도 '돌'이라고 쓰는 약속을 알아야 하지요. 이는 임의적인 약속이기 때문에 약속의 규칙을 배워야만 알 수 있습니다. 반면, 돌 그림을 보면 배우지 않아도 실생활에서 만난 경험만으로 돌이라는 걸 바로 알 수 있지요. 그래서 글자를 모르는 아이들도 그림책과 만화책의 그림을 읽어 낼 수 있습니다. 만화책은 독자에게 글과 그림, 두 가지로 정보를 주기 때문에 의미를 파악하기가 쉽지요.
 앞서 예로 들었듯이, '아무도 2등은 기억하지 않습니다.'라는 글만 있으면, 어린아이들은 문장을 소리 내어 읽기는 하지만 뜻을 제대로 파악하지 못하고 "2등만 아니면 모두 기억한다."고 대답하기 쉽습니다.

그러나 1등의 이름이 크게 씌어진 상장을 들고 있는 장면, 2~5등이 고개를 숙이고 있는 장면, 1등의 이름만 대서특필된 신문이 나온 장면, 사람들이 1등의 이름만 연호하는 장면 등을 만화로 보여 주면 아이들은 이 문장의 뜻을 쉽게 유추하게 됩니다. 만화책뿐 아니라 그림책도 글과 그림을 동시에 보여 줍니다. 그러나 그림책은 대개 한 페이지에 씌어진 글에서 가장 인상적인 한 장면을 정지된 화면처럼 크게 보여 줍니다. 반면, 만화책은 한 페이지에 여러 칸을 나누고 칸마다 글과 그림을 넣어서 연속 장면으로 보여 줍니다. 또한 그림책의 그림은 글의 어느 부분을 표현한 것인지 알려 주지 않습니다. 글의 일부분은 그림에 표현되지만, 표현되지 않은 나머지는 상상해서 그려 내야 합니다. 반면, 만화책의 그림은 같은 칸에 있는 글과 대응합니다. 머릿속으로 의미를 구상해야 할 부분이 그림책에 비해 상대적으로 적습니다.

일본에서 이루어진 연구로, 알칼리성 식품에 대한 정보를 한 집단에서는 '만화'로 다른 집단에서는 '글'로만 읽게 하고, 일주일 후에 내용을 얼마나 잘 이해하고 있는지 검사했습니다. 내용을 만화로 이해한 집단이 글로 이해한 집단보다 더 좋은 점수를 받았습니다. 한 학자는 일본의 고전문학으로 비슷한 실험을 했습니다. 결과는 만화로 읽은 아이들이 글로만 읽은 아이들보다 등장인물의 사고와 감정을 더 잘 이해하고 있었습니다.[34]

만화책은 대사, 생각, 느낌이 대개 구어체로 표현됩니다. 구어체는 문어체와 달리, 비교적 길지 않은 문장으로 일상의 표현들을 주로 담으며 리드미컬한 특성이 있지요. 따라서 정보 전달력이 높습니다. 반면, 이러한 속성 때문에 만화책을 많이 읽으면 긴 호흡의 복잡한 문장 읽기가 두려워지거나 일상어로 표현하기 어려운 개념은 이해하지 못할 수도 있다고 걱정합니다. 그러나 함축적인 시와 같은 만화책, 어려운 개념을 설명하는 철학 만화책 등 다양한 깊이와 형식을 가진 만화책이 만들어지고 있는 만큼, 이제는 어떤 만화책을 읽느냐가 중요할 것 같습니다.

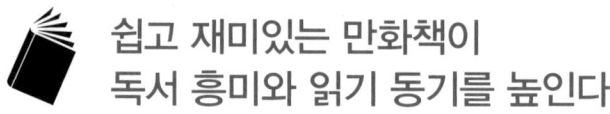
쉽고 재미있는 만화책이
독서 흥미와 읽기 동기를 높인다

　아이들이 만화책에 쉽게 빠져드는 이유 중 하나로 재미를 들 수 있습니다. '재미'라는 미덕은 읽기 전부터, 그리고 읽는 과정에서도 읽기에 대한 부담을 줄여 줍니다. 감히 읽어 보려 덤비고 책을 손에 쥐고 책장을 넘기고, 이를 반복하고 싶은 동기를 부여합니다. 특유의 과장과 상상력, 분위기 전환을 위한 유머, 언어유희는[35] 만화를 재미있게 느끼도록 하지요.

　실제로 한국의 초등학생에게 학습만화를 읽는 이유를 묻자 '지식, 상식에 도움을 주기 때문에(52.1%)', '재미있어서(41.8%)'라고 답했습니다.[36] 중학생이 학습만화를 읽는 이유 또한 '재미있기 때문에(54.17%)', '나에게 도움을 주니까(22.92%)', '시간을 보내기 위해(17.36%)', '친구들이 보니까(5.6%)'로 나타났습니다. 독서의 효과를 물었을 때는 '재미를 준다.(50%)'가 가장 높고, '지식과 상식을 얻을 수 있다.', '상상력을 쌓게 해 준다.', '수업에 도움을 준다.', '교훈을 준다.'는 순으로 답했습니다. 일반도서를 좋아하지 않는 아이들의 경우, 일반도서를 피하는 이유는 '재미가 없다.', '읽는 데 시간이 많이 걸린다.', '글이 너무 많아 읽기 귀찮다.' 등으로[37] 재미는 아이들이 책을 선택하는 핵심 키워드라는 걸 알 수 있습니다.

만화에 대한 강한 읽기 동기를 설명하는 매우 흥미로운 연구가 있습니다. 2002년 일본의 5학년생을 대상으로, 특정 산수 문제의 답을 틀린 아이들에게 문제의 원리를 설명하는 자료를 세 가지 형태로 제공했습니다. 첫 번째 집단에게는 글과 그림이 있는 교과서식 교재를, 두 번째 집단에는 만화식 교재를, 세 번째 집단에는 글만 있는 교재를 나눠 주었습니다. 다시 시험을 보았을 때, 글만 있는 교재를 읽은 집단보다는 만화식 교재를 읽은 집단이 더 잘 이해했습니다. 그런데 가장 높은 점수를 얻은 집단은 주요 개념을 정확하고 간결하게 제시한 교과서식 교재로 정보를 얻은 첫 번째 집단이었습니다. 흥미로운 점은 같은 아이들에게 가장 훌륭한 교재가 무엇인지, 가장 이해하기 쉬운 교재가 무엇인지 물었을 때, 만화식 교재가 가장 많이 선택되었다는 것입니다. 실제로는 교과서식 교재가 가장 효과적인 결과를 가져왔지만 아이들은 만화식 교재에 더 강한 읽기 동기를 느끼고 있었지요.

한국에서도 비슷한 연구가 있었습니다. 중학교 3학년생과 고등학교 1학년생에게 뇌에 대해 설명하는 교과서식 자료와 만화식 자료를 읽게 했을 때, 교과서식 자료를 읽은 집단이 내용을 더 잘 기억해 냈습니다. 같은 실험을 초등학교 6학년생에게 했을 때도 마찬가지로 교과서식 자료를 읽은 집단의 학습 효과가 더 좋았습니다. 그런데, 이 초등학생들에게 자료가 얼마나 흥미 있었는지, 내용을 잘 이해했다고 생각하는지를 스스로 판단하라고 하자, 만화식 자료를 읽은 집단이 교과서식 자료를 읽은 집단보다 자료에 대한 흥미도도 높았고, 내용에 대한 스스로의 이해도도 높이 평가했습니다. 연구자들은 학생들이 만화의 흥미를 불러일으키는 이야기와 익살스러운 장치에 몰두해서 실제로 중요한 정보 습득에 방해받은 것은 아닌지 우려합니다.[38] 학생들은 스스로의 내용 이해도에 대한 착각, 즉 정확하게 이해하지 못했지만 만화의 그림을 보면서 이해했다고 착각했을 가능성이 높습니다. 단, 연구자도 한계로 밝히고 있듯이, 만화책에 대한 읽기 동기가 강하기 때문에 만화책을 반복적으로 읽는다면 학습 효과가 나타날 수도 있습니다. 그러나 반대로 같은 내용을 반복하거나 확장하거나 하는 이후의 노력이 없다면, 건성으로 알고도 잘 안다고 믿을 가능성이 높습니다.

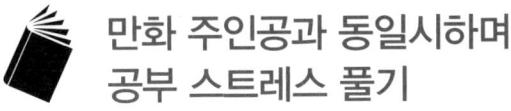# 만화 주인공과 동일시하며
공부 스트레스 풀기

아이들이 좋아하는 학습만화의 주인공은 학습자인 독자가 동일시하기 쉽도록 형상화됩니다. 사실과 정보를 제공하는 논픽션 분야지만 모험이나 문제를 해결하는 이야기 형태를 빌어 전개되기 때문에 등장인물과 사건이 있습니다. 아이들에게 인기 있는 학습만화를 분석한 연구를 살펴보면, 등장인물은 주인공과 전문가, 조력자로 구성됩니다. 주인공은 호기심이 많고 실수도 연발하지만 명랑한 아이로, 어린이스러움이 강조된 3~4등신의 인체 비례를 갖고 있습니다. 전문가는 주인공에게 관련 주제에 대한 지식을 알려 주는 친절한 어른이며, 조력자는 주인공을 도와 모험을 함께하는 친구 같은 존재입니다. 나(독자)처럼 아직 아는 것이 별로 없는 평범한 주인공이 전문가의 도움을 받아 친구들과 함께 문제를 해결합니다. 이러한 설정은 아이들로 하여금 주인공과 스스로를 동일시하게 만듭니다.[39] 대조적으로, 미국의 만화 주인공은 대부분 슈퍼맨이나 배트맨과 같이 초능력을 가진 영웅입니다. 평범한 아이들이 동일시하기 어렵지요.

만화책은 학업 성취에 대한 경쟁이 치열한 동아시아 아이들에게 스트레스를 풀 수 있는 대안적인 오락을 제공합니다.[40] 학교 공부뿐 아니라 학원 등으로 공부에 긴 시간을 할애하는 한국과 일본의 아이들은 친구들과 야외에서 놀 수 있는 시간과 기회가 많지 않지요. 공부 스케줄 틈틈이 혼자 놀면서 휴식을 취합니다. 학교와 학원에서는 글을 위주로 공부하기 때문에 문제집이든 교과서든 교재든 하루 종일 글을 상대하는 셈이지요. 그래서 글이 많은 책보다는 만화책 읽기를 여가의 매체로 선택하는 경향이 있습니다. 이 또한 아이들이 만화책에 쉽게 빠져드는 이유입니다.

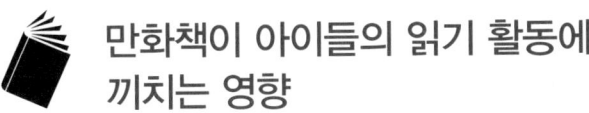
만화책이 아이들의 읽기 활동에 끼치는 영향

그렇다면 아이들의 만화책 읽기는 일반도서 읽기에 어떤 영향을 끼칠까요? 일본의 4, 6, 8학년생을 대상으로 한 연구에서, 열성적인 만화책 독자는 유치원 이전부터 보통의 만화책 독자는 1, 2학년 때부터, 만화에 무관심한 독자는 3학년 이후부터, 만화책을 읽기 시작했다는 응답이 가장 많았습니다. 일반적으로 만화책을 접한 시기가 어릴수록 만화책 독서량이 늘어나는 경향이 있었지요. 만화책에 무관심한 집단의 아이들은 교과서를 읽는 비중이 높지만, 다른 집단에 비해서 일반도서의 독서량이 특별히 많지는 않았습니다. 만화책 읽기가 일반도서 읽기를 방해한다는 근거는 없는 셈이지요.[41]

한국 아이들을 대상으로 성장 시기별로 일반도서와 만화책의 독서량을 비교·분석한 연구도 있습니다. 초·중·고등학교 및 대학교 때의 일반도서 독서량은 서로 밀접한 관계가 있습니다. 초등학교 때의 만화책 독서량은 중·고등학교, 대학교 때의 만화책 독서량과 밀접한 관계가 있습니다. 초등학교 때 특정 분야의 책을 많이 읽는 습관은 이후에도 계속 영향을 끼침을 알 수 있습니다.[42] 여고생을 대상으로 한 연구 결과도 비슷했습니다. 특정한 시기의 특정 자료에 대한 독서량이 많을 경우, 다른 시기에도 같은 종류의 자료에 대한 독서량이 많을 가능성이 높다고 합니다. 특이한 것은 고등학생의 일반도서 독서량은 중학교 때의 일반도서와 만화책의 독서량과 밀접한 관계가 있고, 중학생의 일반도서 독서량은 초등학교 때의 일반도서와 만화책 독서량과 밀접한 관계가 있다는 것입니다. 만화책 독서량이 이후의 일반도서 독서량에 영향을 끼치지 않는다는 결과지요. 어릴 때부터 읽어 왔던 책과 같은 분야의 책을 이후에도 많이 읽을 가능성은 높지만, 만화책이든 일반도서든 독서량이 많다면, 이후의 일반도서 읽기도 방해받지 않는다고 할 수 있습니다.[43]

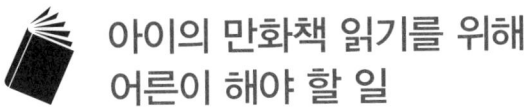 아이의 만화책 읽기를 위해 어른이 해야 할 일

앞의 연구들은 만화책이 학습에 얼마나 도움을 주고, 읽기 동기와 지속성을 주는지에 집중하고 있습니다. 그러나 만화책을 학습 매체의 잣대로만 평가하는 것은 아이들에게 뭔가를 가르쳐 줘야만 좋은 것이라는 강박을 드러내고, 만화책이 독자에게 줄 수 있는 다양한 즐거움을 놓치는 태도라고 생각합니다. 만화책 읽기에서 우리의 연구가, 우리의 교육이 가장 간과하고 있는 부분이자 주의를 기울여야 할 부분은 만화책을 통해 배울 수 있는 '다중문해력multiliteracy'입니다. 다중문해력은 전통적인 문자뿐만 아니라 의미를 전달하는 다양한 형식의 기호를 읽고 쓸 수 있는 능력을 말합니다. 인류의 지적·문화적 자산이 대부분 '문자'라는 정보 기록 형식으로 남겨졌기 때문에 문자를 읽고 쓸 수 있는 능력은 여전히 가장 중요하지만, 앞으로의 사회에서 정보가 기록되고 표현되는 형식은 훨씬 더 다양해질 것입니다.

만화책을 펼쳐 보세요. 만화는 글과 더불어 다양한 시각적 장치로 의미를 전합니다. 소설은 글에만 의미를 담지만, 만화책은 글자에도 의미를 담습니다. 글자의 크기, 글자체, 진하기, 기울기, 배치, 색깔, 간격 등이 모두 어떤 의미를 전달합니다. "정말?"이라는 대사가 어떤 모양과 크기의 말풍선에 들어가느냐에 따라서 어떠한 감정과 소리의 크기와 분위기를 만들어 냅니다. 만화에서 칸의 크기, 모양, 간격, 배경 패턴, 만화적인 기호(예를 들어, 인물 얼굴에 당황스러움을 표현하는 빗금이나 땀 모양 등)도 마찬가지로 시각적인 형태로 의미를 전달합니다. 글과 그림, 이 두 가지를 작품의 주제나 의도에 맞게 얼마나 세심하게 배치하느냐, 작가만의 세계와 스타일이 창의적으로 드러나느냐는 만화의 완성도를 결정하는 척도가 됩니다.

그러나 안타까운 점은 우리 아이들이 주로 읽는 만화책의 표현 방식이 너무나 천편일률적이라는 데 있습니다. 만화평론가 박인하의 지적대로, 아이들은 3단 정도로 평이하게 나누어진 칸에 단순한 선과 표현으로 그려지고 표준화된 컬러로 재빠르게 채색된 무개성의 만화책을 주로 읽고 있습니다. 하청을 주어 여러 명이 빠르게 완성하느라 작가의 독특한 스타일을 찾기 어렵습니다.[44]

만화책에서 학습이라는 강박을 덜어 내고 1970~1980년대 명랑만화에서처럼 아이들의 삶과 유머를 담는 것, 글과 그림의 조화가 창의적인 학습만화를 만드는 것, 좋은 어린이 만화책 작가를 지원하고 발굴하는 것, 표현 기법과 주제와 형식이 다양한 만화책이 더 많이 만들어지고 소개되고 읽히는 것, 만화책에 대한 감상평이 다양하게 쓰이고 아이와 부모와 교사, 사서에게 소개되는 것, 만화를 이용한, 만화에 대한 본격적인 수업이 이루어지는 것. 이를 위한 어른들의 첫발자국은 만화책을 외면하지 않고 끌어와서 들여다보며 공부하는 것이 되겠지요. 만화책과 웹툰에 대해 아이들과 이야기해 보세요. 읽고 있는 만화책이 가진 장점과 한계도 함께 비평해 보세요. 그리고 다양한 주제와 표현 방식을 가진 만화책을 소개해 주세요.

8장

이미지 읽기가 왜 중요한가요?

> "그림책은 글자를 잘 모르는 어린아이들이 읽는 책 아닌가요? 아이가 어서 글로만 된 책을 읽었으면 좋겠어요."
>
> "글자를 읽기 시작하면서 그림책을 볼 때 글자만 읽고 그림은 잘 보지 않아요."
>
> "청소년이나 어른은 그림책을 잘 읽으려 하지 않는데요. 그림책을 어떻게 소개하면 좋을까요?"
>
> "이미지 읽기는 어떻게 지도해야 하나요?"

그림책은 글을 잘 모르거나 글 읽기를 배울 때나 읽는 책이라고 믿는 분들을 독서 교육 현장에서 많이 만납니다. 이런 인식을 가진 분들은 글을 스스로 잘 읽으면 더 이상 볼 필요가 없는 책이 그림책이고, 자전거의 보조바퀴를 떼는 것처럼 글에서 그림을 떼는 것이 한 걸음 더 나아간 책 읽기 단계라고 생각합니다. 아이가 어서 글자를 줄줄 읽어서 그림의 비중이 적거나 그림이 없는 책을 읽기를 바라지요.

실제로 도서관에 가 보면, 그림책은 어린이 서가에만, 그것도 영유아실에만 집중적으로 꽂아 놓는 경우가 많습니다. 그런 도서관 구조에서 초등학교 고학년생이나 청소년, 어른은 자연스럽게 그림책을 접할 기회를 갖기 어렵지요. 그림책을 거의 가져다 놓지 않는 중·고등학교 도서관도 있습니다. 사서교사가 그림책을 수서할 때, 동료 교사나 학교 관리자로부터 이해받지 못하는 경우도 생깁니다. 부모나 교사가 '그림책=글 못 읽는 어린이 책'이라는 믿음을 가지면 고학년생에게 그림책을 권하지 않게 됩니다. 아이들도 이런 분위기에서는 그림책을 낮은 연령대를 위한 쉬운 책으로 여겨 그림책 읽기를 유치하다거나 무가치하게 여깁니다. 청소년이나 어른은 말할 것도 없고요.

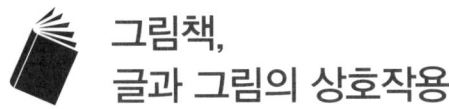
그림책,
글과 그림의 상호작용

　읽는 것과 달리 보는 것은 타고난 능력입니다. 그래서 글을 읽지 못하는 아기라도 이미지를 볼 수는 있습니다. 글은 누군가 읽어 주어야 접근할 수 있지만 이미지는 스스로의 힘으로도 접근할 수 있습니다. 때문에 글을 잘 읽지 못하는 유아와 어린이에게는 이미지로 소통하는 그림책이 가장 적당한 책입니다. 그림책의 그림이 글을 묘사하고 설명하는 보조 역할만 한다면 글을 잘 읽는 사람은 그림을 볼 필요가 없습니다. 그러나 그림이 글과 독립하여 독자적인 의미를 전달하거나 글과 상호작용하면서 제3의 의미를 만들어 낸다면 어떨까요? 이미지를 읽지 않으면 책의 내용을 온전히 이해하지 못한 셈이 됩니다.
　권윤덕의 『일과 도구』(길벗어린이) 중 한 장을 살펴봅시다. 우선 글만 읽어 봅시다.

농장에 다 왔다!

연장 가지러 가자.

호미가 여기 있네, 쇠스랑도 여기 있고,

양이야, 네 이름 닮은 괭이도 여기 있다.

호미 들고 밭으로 가자.

글로 설명되지 않은 부분을 자세히 보여 줌으로써 더 많은 정보를 제공하는 그림 ⓒ 권윤덕, 「일과 도구」 길벗어린이

글은 아이가 '양이'라는 고양이와 함께 농장에 연장을 가지러 와서 호미, 쇠스랑, 괭이를 살펴보는 장면을 묘사합니다. 글만 읽으면 주인공 아이와 고양이가 바라본 연장은 몇 가지 안 되는 것처럼 느껴지지요. 그러나 그림을 살펴보면 주인공 아이는 글에 담긴 연장보다 훨씬 더 많은 대상을 바라보고 있다는 걸 알 수 있습니다. 그림은 글에서 설명되지 않은 부분을 자세하게 보여 줌으로써 더 많은 정보를 줍니다. 그림을 보면서 아이들은 농부의 일에는 다양한 도구를 쓰는 기술이 필요하

다는 것, 도구는 세워 놓거나 서랍에 넣거나 걸어 두는 등의 다양한 보관 방법이 있다는 것을 알 수 있습니다. 세월의 흔적이 보일 만큼 낡았지만 쓰기 좋게 가지런히 정리된 도구를 보건데 농부가 자신의 일과 일터를 소중히 여긴다는 느낌도 받게 됩니다. 그림을 면밀히 살펴보면 풍부한 의미를 더 읽어 낼 수 있습니다. 두 짝의 파란색 장화 옆에 조그만 장화가 있는 걸 보면 부모의 일터를 드나드는 아이가 있다는 걸 짐작할 수 있습니다. 창가의 거미나 일부러 키우지 않은 풀꽃과 덩굴도 가족처럼 정답게 농장 풍경에 녹아 있습니다. 비단에 우리 민화의 밝은 색으로 그려진 이 그림은 농부의 일과 도구를 따뜻하고 긍정적으로 바라본 작가의 시선을 느끼게 합니다. 작가의 이전 작품을 읽어 본 독자라면 그림의 색감과 스타일을 통해 작가가 누군지 추측할 수 있습니다. 그리고 그림 안의 고양이가 작가의 이전 작품인 『고양이는 나만 따라해』(권윤덕 지음, 창비) 속의 바로 그 고양이임을 눈치챌 수 있겠지요. 이처럼 그림은 글에서 다 표현되지 못한 풍부한 의미의 망을 펼칩니다.

앞의 그림을 머릿속에서 지우고 다른 그림을 상상해 보세요. 연장이 녹슨 채 흐트러져 있고, 거미줄이 쳐진 어두운 창고에 음산한 눈빛의 고양이와 성난 남자가 날 선 호미를 들고 있는 그림을요. 그리고 그림책 속의 글을 다시 읽어 보세요. 그림이 달라지면 같은 글도 완전히 다른 의미로 읽힐 수 있습니다.

이와 같이 그림책의 그림은 단순하게 글을 설명하지 않고 글과 상호작용하면서 의미를 만들어 냅니다. 여기서 글은 그림 속의 많은 대상들 가운데 호미와 쇠스랑, 고양이, 괭이에 시선을 집중하도록 돕고 있습니다. 『그림책론』(보림)의 저자인 페리 노들먼의 설명을 빌면, 글이 '고정

ancrage'의 역할을 하는 겁니다. 즉 글이 그림의 특정 부분에 독자가 시선을 고정하고 집중하도록 만듭니다. 글을 들으면서 혹은 읽으면서 아이들은 호미와 쇠스랑, 고양이, 괭이를 그림에서 찾아보게 됩니다. 글 덕분에 그림의 특정 부분이 눈에 더 들어오게 되는 거지요. 아이들이 이미 알고 있는 고양이는 금방 찾지만 쇠스랑이나 괭이 등 생소한 도구는 찾는 데 시간이 걸리겠지요. 읽어 주는 사람에게 묻기도 하겠고요. 글과 그림의 상호작용은 이렇게 독자의 능동적인 활동이나 독자 사이의 상호작용을 촉진하기도 합니다.

그림책에서 글 혹은 그림만 따로 읽으면 의미와 미적인 감동이 반감됩니다. 완성도 높은 그림책일수록 글과 그림이 서로 다양한 방식으로 관계를 맺으면서 제3의 의미를 만들어 내는 부분이 많습니다. 앞의 예처럼 그림이 글의 정보를 부연 설명하는 경우(확장)도 있고, 글에 나타난 움직임을 표현하기 위해 등장인물의 여러 동작을 한 장면에 순서대로 보여 주기(연속 그림)도 합니다. 사건을 글로 설명하다가 그 다음에는 그림으로 설명하는 경우(교차 전진)도 있지요. 사건을 주로 글로 진행하다가 마지막 결말을 그림으로만 표현하는 방법은 아이들이 호기심을 갖고 적극적으로 그림을 읽도록 합니다. 아이들은 그림에서 결말의 힌트를 하나씩 찾아가면서 알았다는 미소를 짓기도 하고 반전을 만나 크게 웃기도 합니다. 또한 글과 그림은 서로 반대되는 의미를 표현(아이러니)하기도 합니다. 문학에서의 반어법처럼 그림에서는 웃는 얼굴을, 글은 우는 상황을 묘사해 놓았다면 겉으로는 웃고 있지만 속으로는 울고 있는 마음을 표현한 거지요. 아이러니는 독자에게 생각거리를 던져 주기도 하고 겉과 속이 다른 웃긴 상황을 즐기게도 합니다.[45]

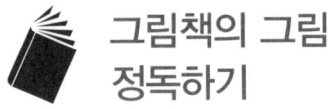# 그림책의 그림
정독하기

　기호학에서는 그림책이 글과 그림이 상호작용하여 새로운 의미를 만들어 낸다고 하여 '아이코노텍스트iconotext'적인 성격을 가지고 있다고 합니다. 대표적인 예로, 우리가 이메일이나 문자 메시지에서 사용하는 이모티콘을 들 수 있습니다. 이모티콘은 대상의 모습을 닮도록 재현하는 기호로 'ㅅㅅ'은 웃는 눈을, 'ㅠㅠ'는 우는 눈을 닮아 있습니다. 그림책에서는 글이기도 하고 그림이기도 한 아이코노텍스트를 많이 발견할 수 있습니다.

　그림책 연구자 김영욱은 박연철의 그림책에서 아이코노텍스트가 적절히 사용된 사례를 보여 줍니다.[46] 『어처구니 이야기』(비룡소)의 속표지에는 제목 글자가 뒤집힌 채로 배치되어 있습니다. 거꾸로 배치된 글자는 본문에서 다룰 어처구니없는 사건을 기대하게 합니다.

　다음 그림은 박연철의 『망태 할아버지가 온다』(시공주니어)의 한 장면

글이기도 하고 그림이기도 한 아이코노텍스트 ⓒ 박연철, 『망태 할아버지가 온다』 시공주니어

으로, 과장되게 길어진 엄마의 팔을 따라 글자가 쓰여 있습니다. 엄마의 입에서 끝나는 글자는 배치만으로도 이것이 아이를 향한 엄마의 날카로운 말임을 분명히 보여 줍니다. 글을 화면의 중앙에 사선으로 화살처럼 배치하면서 아이가 받는 두려움을 극대화시켰지요. 바닥에 보이는 "fragile"이라는 말 또한 깨져 있는 유리의 '부서지기 쉬운'으로 해석될 수도 있고, 혼나고 있는 아이의 '상처받기 쉬운' 마음으로 해석될 수도 있습니다. 글이 그림처럼 활용된 경우죠. 아이코노텍스트는 만화책에서도 자주 발견할 수 있습니다.

그림처럼 그려진 글, 글처럼 설명된 그림은 독자에게 글을 읽는 것처럼 그림을 볼 때도 읽기가 필요하다는 걸 깨닫게 합니다. 시각 이미지도 때로는 단순한 보기를 넘어 적극적으로 읽어 내야 온전한 의미를 파악할 수 있습니다.

오른쪽 그림은 이민자의 삶을 담은 숀 텐의 『도착』(사계절출판사)의 한 장면입니다. 이 책은 글 없이 그림으로만 구성됐습니다. 왼쪽 페이지의 그림에서는 마지막 짐으로 선반 위에 놓였던 가족사진을 정성스레 포장하여 가방에 넣는 누군가의 손을 볼 수 있습니다. 마지막 그림의 포개진 두 손의 주인공들은 오른쪽 페이지의 그림으로 설명되는데, 마지막 그림의 선반 위 사진 속의 부인과 남편임을 알 수 있지요. 이별을 앞둔 부부의 걱정스럽기도 하고 애틋하기도 한 마음이 드러납니다. 이 장면에서 등장한 선반 위의 사진과 종이학, 지도 등은 이후 사건에 대한 복선이 됩니다. 글을 읽듯 순차적으로 그림을 읽어 내야 이러한 의미를 파악할 수 있습니다.

대표적인 글 없는 그림책으로는 레이먼드 브릭스의 『눈사람 아저씨』(마루벌), 데이비드 위즈너의 『구름 공항』(베틀북), 데청 킹의 『케이크 도둑』(거인), 우리 작가의 작품으로 류재수의 『노란 우산』(보림), 이수지의 『파도야 놀자』(비룡소), 이미정의 『흰곰』(아이세움) 등이 있는데, 이 그림책들은 아이들의 적극적인 그림 읽기를 요구합니다. 글을 정독한다는 것이 글 표면의 의미뿐 아니라 글 안의 의미를 파악하는 것이듯, 그림의 표면과 그 너머의 의미를 읽는 것은 그림을 정독하는 것이 되겠지요. 그림책의 그림을 자세히 들여다보는 것은 아이들에게 정독하는 습관을 자연스럽게 갖게 하는 가장 쉬운 방법일 겁니다. 그림의 색과 모양, 분위기와 감성, 시점과 배치, 사용된 재료 등이 주는 풍부한 의미를

글을 읽듯 그림을 읽어 내야 내용과 의미를 알 수 있는 글 없는 그림책 ⓒ 숀 텐, 「도착」, 사계절출판사

읽어 내는 것, 한 작가의 그림과 다른 작가의 그림을 비교하는 것, 그림 속의 상황과 감정을 나의 삶과 연결 짓는 것 모두 정독하는 연습이 되겠지요.

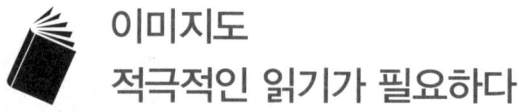
이미지도
적극적인 읽기가 필요하다

우리는 그림책뿐 아니라 신문이나 잡지 등의 다양한 매체에서, 그림을 보는 데서 그치지 않고 읽어야 할 상황을 만납니다. 오른쪽의 삽화는 E. T. 리드Reed가 그린 〈펀치Punch〉의 1900년 6월 13일자 만평입니다. 그림에서는 성 안에서 방어적 동작을 취하는 용을 앞에 두고 무장한 사자와 곰이 대화를 나누고 있습니다. 뒤에는 독수리나 강아지 등 다른 동물들이 이 상황을 지켜보고 있고요. 그림 다음에 나오는 사자와 곰의 대화는 이렇습니다.

러시아 곰: "넌 다른 데서 할 일이 많잖아. 내가 이 사나운 녀석을 처리할게."
영국 사자: "고맙지만 네가 재랑 단둘이 있게 해 줄 생각은 전혀 없어."

어린아이도 이 그림을 볼 수 있습니다. 아마도 대부분의 아이들은 이

그려질 당시 시공간의 문맥을 이해해야 의미를 읽어 낼 수 있는 만평

그림이 동물의 힘겨루기를 보여 준다고 읽어 내겠지요. 그러나 이 만평이 전하고자 하는 의미는 언제, 왜, 누구의 입장에서 그려졌는지를 생각하면서 읽어야 알 수 있습니다. 그래야 각각의 동물이 무엇을 상징하는지, 어떤 역사적 상황을 다루고 있는지 파악할 수 있습니다. 이 장면은 중국을 둘러싼 열강의 세력 다툼을 보여 줍니다. 1900년에 중국에서 외세에 저항하는 의화단 운동이 일어났고, 이때 서구 열강은 연합군을 조직하여 중국을 무력으로 굴복시키고 자금성에 입성했지요. 열강들은 연합 세력을 구축하였지만 서로 영향력을 행사하기 위해 견제했습니다. 이 그림에서 사자는 영국을, 곰은 러시아를 상징합니다. 뒤에는 연

합군 일원인 프랑스 푸들, 일본 용, 독일과 미국 독수리가 보이지요. 배경지식이 없는 글을 독해할 때 어려움을 겪듯이 그림도 마찬가지입니다. 배경지식 없이 신문의 만평이나 사진, 시대와 문화를 달리하는 이미지를 읽어 내기는 어렵습니다.

글이든 그림이든 한눈에 대강 봐서 드러나지 않는 의미는 적극적인 읽기를 요구하지요. 동굴벽화나 중세의 종교화, 다른 나라의 정치 만평처럼 시간과 공간의 문맥을 이해해야 의미가 분명해지는 이미지도 있습니다. 신문 정치 기사의 배치와 사진은 신문사 편집자의 의도를 교묘하게 숨겨 놓고 있으며, 광고의 사진과 문구는 독자의 욕망을 무의식적으로 자극하지요.

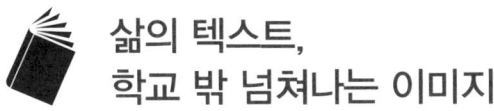
삶의 텍스트,
학교 밖 넘쳐나는 이미지

　도시에 사는 한 교사의 오전을 떠올려 봅시다. 아침에 일어나서 신문을 읽고 날씨를 확인합니다. 간판이 아우성치는 거리를 지나 지하철역으로 가면 전광판에 광고가 가득합니다. 지하철을 기다리며 스크린도어에 적혀 있는 시도 한 편 읽고요. 지하철을 타 겨우 차지한 자리에서 책을 읽고 틈틈이 스마트폰으로 문자 메시지나 SNS도 확인하고 웹사이트도 뒤져 봅니다. 미처 다 보지 못한 웹툰이나 드라마, 예능 프로그램을 챙겨 볼 때도 있습니다. 다음 역을 알리는 문구를 읽고 노선도를 봅니다. 학교에 도착해서 오늘 오후까지 마감해야 할 서류의 도표와 그래프를 다듬습니다. 그리고 수업을 위해 준비해 둔 유튜브 동영상과 파워포인트 자료도 확인합니다.

　이처럼 우리가 실생활에서 접하는 삶의 텍스트는 신문, 잡지, 일기도, 간판, 광고, 안내판, 노선도, 책, 휴대전화 메시지, 웹사이트, 웹툰,

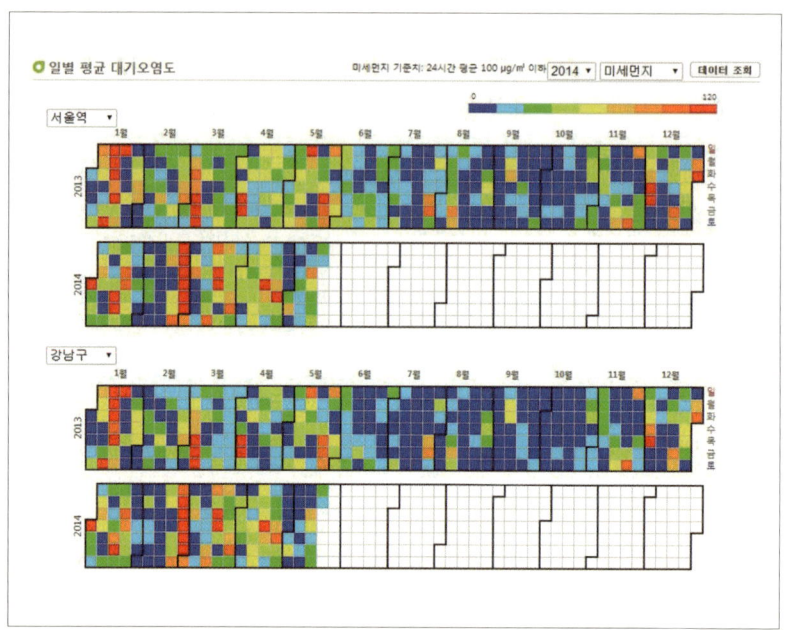

다양한 정보를 한눈에 직관적으로 파악할 수 있는 인포그래픽

TV, 자막, 도표, 그래프, 동영상, 파워포인트 자료 등 매우 다양합니다. 그리고 이들은 대부분 그림, 사진, 그래픽, 동영상 등 시각적 요소와 이미지로 의미를 전달합니다. 순수하게 글자만으로 의미를 전달하는 매체는 책뿐이지요. 학교에서 가르치는 텍스트는 글자만으로 이루어진 경우가 많지만 아이들이 학교 밖을 나가자마자 접하게 되는 삶의 텍스트는 '글자+이미지'가 훨씬 더 많습니다.

어떤 의미는 글보다 이미지일 때 훨씬 명확하고 간단하게 표현됩니다. 위의 인포그래픽은 2013~2014년 서울역의 미세먼지 정도를 측정한 데이터[47]를 한눈에 볼 수 있도록 만든 것입니다. 각 날짜의 대기오염

도뿐 아니라 월별·계절별 오염도를 다른 년도와 비교해 볼 수 있게 되어 있습니다. 글이나 도표로 이 내용을 담는다면 이렇게 다양한 정보를 한눈에 직관적으로 파악할 수 없겠지요.

인포그래픽 외에도 지도, 그래프, 다이어그램, 표지판, 만화, 웹툰, 사진, 영상 등은 모두 이미지가 의미 전달에 큰 부분을 차지합니다. 다양한 이미지를 읽고 쓰는 건 아이들뿐 아니라 모두에게 필요한 능력이지요.

학자들은 글자 언어의 읽기·쓰기 능력을 가리키는 용어인 '문해력 literacy'을 빌려, 시각 이미지 언어의 읽기·쓰기 능력을 '시각 문해력 visual literacy'이라고 부릅니다. 사람들이 글을 읽으면서 의미를 파악하듯 이미지를 보면서도 그것에 담긴 의미를 읽는다는 겁니다. 의미를 담는 매체가 글에서 이미지로 바뀌었을 뿐 의미를 해석하고 표현한다는 점에서는 글 읽기·쓰기나 이미지 읽기·쓰기가 비슷합니다.

학교에서 아이들에게 시각 문해력을 본격적으로 가르쳐야 한다고 주장하는 입장에서는, 글자의 의미를 못 읽어 내는 것만 문맹이 아니라, 시각 이미지의 의미를 제대로 혹은 비판적으로 읽어 내지 못하는 것 또한 문맹이라고 봅니다. 글의 해석은 가르치지만, 이미지 해석은 알아서 하라는 태도는 옳지 못하다는 것이죠. 이들은 아이들의 삶을 위해 읽기를 가르친다면 삶의 텍스트를 좀 더 적극적으로 수업에 끌어들여야 한다고 주장합니다.

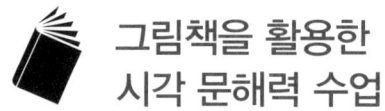
그림책을 활용한
시각 문해력 수업

최근에 시각 이미지 읽기를 미술로만 국한하지 않고, 국어, 사회, 역사, 도덕 등의 수업에 통합하는 시도가 늘고 있습니다. 초등학교뿐만 아니라 중·고등학교 수업에서도 이미지의 의미와 작가의 의도, 시대의 의식과 환경 등을 분석하는 수업이 늘고 있습니다. 예를 들면, 인구 변화와 인구 문제에 대해 배우면서 1970년대와 2000년대의 가족계획 포스터에 나타난 이미지나 문구를 비교하거나, 인종차별에 대한 토론을 하면서 의류 광고에 나타난 유색인종의 사회적 이미지를 분석하지요. 학교도서관에서 손쉽고 풍부하게 얻을 수 있는 그림책은 이미지 읽기를 가르치고 배울 수 있는 좋은 자료입니다. 다양한 기법과 스타일의 이미지를 찾을 수 있고, 아이가 주인공이며 그들의 삶을 다루고 있는 경우가 많기 때문이지요.

그림책을 통한 이미지 읽기를 배워 보지 못한 어른 세대는 아이들에게 어떻게 가르쳐야 할지 막막합니다. 그래서 지금부터 수업 하나를 자세히 보여 주려고 합니다. 영국의 도서관 단체인 CILIP the Chartered Institute of Library and Information Professionals은 매년 뛰어난 어린이·청소년 도서의 글 작가에게는 '카네기상'을, 그림 작가에게는 '케이트 그린어웨이상'을 수여합니다. 이 단체가 상을 제정한 지 70주년을 맞이하여 수상작으로 선정됐던 그림책을 가지고 '시각 문해력 수업안'[48] 두 권을 내놓았습니다. 이 중 1992년 수상작이자, 한국에서도 2002년에 번역 출판되어 베스트셀러로 널리 읽히고 있는 앤서니 브라운의 『동물원』(논장)을 활용한 수업안을 살펴보겠습니다. 시각 문해력을 길러 주는 수업, 즉 이미지 읽기를 도와주는 수업은 어떤 방식으로 이루어지는지 지면으로 시범 수업을 해 보겠습니다. 학생이 되어 참여해 주세요.

교사는 『동물원』을 읽어 주고 아이들은 찬찬히 그림을 살핍니다. 그리고 거의 마지막 부분인 다음의 그림(다음 쪽 참고)에서 멈춥니다. 이 그림을 각자 한 장씩 혹은 짝과 함께 보게 하면서 그림에서 발견한 것, 그림이 상징하는 의미, 작가의 의도 등을 자유롭게 이야기하도록 합니다. 여러분도 글 읽기를 멈추고 이야기해 보세요.

아이들이 이 이미지의 의미를 어떻게 읽어 낼까요? 이 책에 대한 4~11세 어린이 독자의 반응을 인터뷰와 그룹 토론, 그림 등의 질적 방법론으로 연구한[49] 모래그 스타일Morag Styles과 에블린 아리즈페Evelyn Arizpe의 연구 결과를 살펴보겠습니다. 여러분의 분석과 비교해 보세요.

- 왼편에 인간이 그려진 부분은 테두리를 자유롭게 손으로 그렸고, 오른편에 동물이 그려진 부분은 철장처럼 두꺼운 테두리로 그렸다. 중

드디어 고릴라를 구경할 차례였다. 아빠는 이번에도 킹콩 흉내를
냈지만, 다행히 우리 가족밖에 없었다.
어느덧 집에 갈 시간이 되었다. 차 안에서 엄마가 오늘 뭐가 가장
좋았냐고 물었다. 나는 햄버거랑 감자튀김이랑 콩이라고 했고,
해리는 원숭이 모자라고 했다.
아빠는 집에 가는 것이 가장 좋다고 했다. 그러고는 엄마한테
저녁에 뭘 먹을 거냐고 물었다.
엄마는 씁쓸하게 말했다.
"동물원은 동물을 위한 곳이 아닌 것 같아. 사람들을 위한 곳이지."

다양한 시각적 장치들을 찾아내고 해석하며 이미지 읽는 법을 배울 수 있는 그림책 ⓒ Anthony Browne

각형의 흰색 십자 모양은 고릴라가 우리 안에 갇힌 걸 보여 주는 듯하다. 고릴라는 정말 슬퍼 보인다.

- 인간은 매우 밝은 색깔로 행복한 느낌이 들도록, 고릴라는 어두운 색깔로 슬프게 그려졌다. 단, 엄마만 어두운 색 옷을 입혀서 동물의 고통에 공감하는 것 같다.
- 사람들은 쳐다보며 조롱하거나 소리 지르고 있지만 고릴라는 그저 바라볼 수밖에 없고 꼼짝할 수 없다.
- 고릴라를 가로지르는 하얀 선은 마치 예수님의 십자가 같다.
- 고릴라의 눈은 할아버지를 닮았다.

아이들은 글의 주제가 어떻게 이미지로 드러나 있는지 잘 포착해 냈습니다. 인위적인 공간에 갇힌 동물에 대한 연민과 공감을 표현하기 위해 작가가 구사한 다양한 시각적 장치들을 말이지요. 특히 연구자들이 주목한 건 글자 읽기가 유창하지 않거나 독해 능력이 평균 이하인 아이들이었습니다. 이 아이들은 읽기에 자신감이 없지만 시각적 장치들을 해석하는 데 전혀 어려워하지 않았습니다. 이 결과는 해독이나 독해가 부족한 아이들에게 그림책이 매우 좋은 교재임을 알려 줍니다. 이 아이들도 그림 해석을 통해 의미 해석자로서의 자신감과 책 읽기의 즐거움을 얻을 수 있기 때문입니다.

저는 좀 더 큰 한국 아이들은 이 이미지를 어떻게 읽을지 궁금했습니다. 중학교 1~2학년 여학생 4명에게 같은 그림책을 읽어 주고 앞의 그림을 어떻게 읽었는지, 왜 그렇게 생각하는지 이야기해 달라고 했습니다.

- 아이들이 쓴 모자의 원숭이는 웃고 있는데 동물원의 실제 고릴라는 웃고 있지 않다. 원숭이의 웃는 입은 실제가 아니라 사람들이 상상하는 동물원에 사는 동물의 표정일 것이다. 혹은 동물을 구경하는 사람들의 표정인 듯하다.
- 고릴라 그림은 네 조각이 나서 더 슬퍼 보인다. 감옥이나 철장의 창문 같은 느낌도 주면서 동시에 하나가 아니라 조각난 고릴라를 보여 주는 것 같다.
- 십자가는 고난, 죽음, 괴로움의 상징이다. 고통 받는 고릴라의 느낌을 보여 주려는 작가의 의도 같다.
- 흰 털이나 흰 수염을 보니 나이든 고릴라를 표현한 것 같다. 이 고릴라는 평생 동안 동물원에서 살았고 여기서 죽음을 맞이할 것이다. 고릴라는 그것을 알고 있을 것이다.
- 엄마랑 고릴라, 둘만 눈을 제대로 마주치고 있는 것 같다. 둘만 공감하는 것 같다.
- 엄마는 몸도 왜소하고 옷 색도 어둡고 뒤로 빠져 있으면서 소극적으로 그려졌다. 엄마는 소수를 대변하는 것 같다. 동물권을 주장하는 사람들이 소수이지 않나. 자기주장이 다른 사람들에게 들리지 않는 답답한 느낌을 알 것이다. 이 작가가 『돼지책』(웅진주니어)도 쓰지 않았나. 가족 안에서도 어쩌면 엄마는 소외된 존재, 꼭 고릴라 같은 존재라는 걸 보여 주는 거 같다.

여기까지가 아무런 도움 없이 아이들이 각자 발견한 것, 다른 친구의 의문에 자기 생각을 덧붙인 내용입니다. 이야기를 모두 듣고 난 뒤에

제가 이 부분을 한 번 더 자세히 살펴보라고 하든가, 이 부분은 왜 이렇게 그렸을지 생각해 보라고 하는 정도의 도움을 주자 더 많은 해석이 쏟아져 나왔습니다.

- 같은 환경, 같은 날씨, 같은 공간에 있을 텐데 양쪽의 그림 톤이 다르다.
- 양쪽의 그림 스타일이 다르다. 고릴라는 사진 같다. 털 하나하나가 다 살아 있고 자세하다. 왼편 사람은 그림 같고, 선이 뚜렷한 거 보면 만화 같다. 동물의 감정에 더 자세하게 집중할 필요가 있다는 작가의 의도가 깔려 있다.
- 사람이 있는 쪽은 테두리 바깥으로 튀어나온 말풍선이 있고 테두리가 부드럽다. 반면, 고릴라 쪽의 테두리는 두껍고 딱딱하다. 인간의 자유로움과 고릴라의 자유롭지 못함을 상징하는 것 같다.
- 아빠가 더 고릴라 같고 고릴라가 더 인간 같다. 아빠는 흉내 내고 고릴라는 생각한다.

아이들은 한 장면을 약 20분에 걸쳐 자세히 분석했는데, 그 분석을 바탕으로 신이 나서 책장을 넘겨 가며 다양한 시각적 장치를 찾아내고 해석하기 시작했습니다. 그림 하나를 아주 자세히 읽으면서 시각적 해석의 틀을 마련해 보자, 나머지 그림에서 놓쳤던 의미가 보이기 시작한 겁니다.

수업이 끝나고 아이들에게 소감을 묻자, "같이 이야기하니까 혼자 읽을 때 못 봤던 게 많이 보여요. 친구들과 같이 해석을 덧붙이니까 더 재미있어서 좋았어요.", "어릴 때 봤던 건데도 그땐 의미를 다 몰랐던 것 같아요.", "어릴 땐 단순하게 엄마가 슬퍼 보인다고 느꼈는데, 학교에서 동물 학대 같은 걸 배우고 나니까 엄마가 왜 슬픈지, 엄마의 생각과 감정을 더 잘 알 수 있었어요." 등의 대답이 나왔습니다. 그림책이 중학생에게도 충분한 생각거리를 던져 주며, 경험이 늘어 가고 성장해 감에 따라 해석의 깊이가 깊어지고 좀 더 명료한 언어를 사용하게 됨을 알 수 있었습니다.

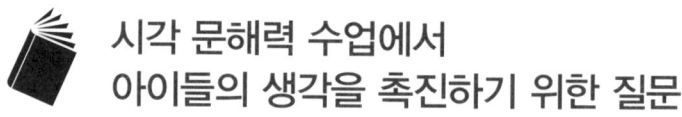# 시각 문해력 수업에서
아이들의 생각을 촉진하기 위한 질문

아이들은 그림만 보여 주고 도움을 주지 않아도 의미를 해석해 내기도 하지만, 처음부터 "이 그림을 왜 이렇게 그렸을까?"라고 물으면 막막함을 느끼기도 합니다. 이때 적절한 질문은 "우선 보이는 걸 얘기해 줘."입니다. "○○는 왜 이렇게 그렸을까?"라고 물으면 아이들은 '여기서 ○○를 보는 게 중요한가?'라고 생각할 수 있습니다. 질문이 오히려 아이들의 자유로운 발견을 막을 수 있지요. 질문 후에는 아이들이 적극적으로 자기가 찾은 것을 이야기하도록 칭찬해 줍니다. 다음에는 "그것이 어떤 식으로 그려졌는지 보이는대로 이야기해 줘."라고 합니다. 아이들이 충분히 묘사한 후에 "작가가 왜 그렇게 그렸을까?"라고 묻습니다.

아이들이 충분히 이야기하고 나면 아이들이 발견하지 못한 것에 대해 질문합니다. 그림의 테두리나 말풍선의 크기, 등장인물의 표정과 옷차림, 몸짓, 그림의 기법, 색감, 그림을 그리는 작가의 시점 등을 말이지요. 이는 아이들의 시선을 일정한 시각적 장치에 집중하게 하고, 무엇이 다른지, 왜 그런지 생각해 보도록 도와줍니다. 시각 문해력 수업에서는 아이들의 말문이 트이게 하기 위해서 혹은 아이들의 생각을 촉진하기 위해서 질문을 잘 만드는 것이 중요합니다. 또한 무엇이든 아이들이 발견한 것을 말할 수 있는 분위기, 모두가 이를 경청하는 분위기, 서로를 이끌 수 있는 친구와 교사의 긍정적인 반응이 필요합니다.

작가가 이미지 속에 의미를 어떻게 배치하는지, 의미를 만들기 위해 어떤 고민을 하는지 찾아보는 활동은 일종의 보물찾기와 같습니다. 아이들은 글을 잘 읽지 못하더라도 그림책을 읽으며 해석자로서 자기가 발견한 의미를 캐냅니다. 친구들과 함께하니 더욱 즐겁지요. 이미지 읽기는 이미지에서 작가의 의도를 읽어 낼 수 있도록 도와줍니다. 아이들이 작가의 메시지에 대해 생각하고 이야기를 나누면서 무비판적으로 이미지를 수용하지 않게 됩니다.

아이가 원하면 커서도 그림책을 볼 수 있게 해 주세요. 아이와 함께 신문, 잡지, 그림책, 사진집, 만화책, 인포그래픽 도서 등 다양한 책들로 이미지 읽기를 시도해 보세요. 이미지가 가득한 지금의 세계를 읽을 수 있는 언어 하나를 더 배우게 됩니다.

9장

책 읽기 싫어하는 남자아이들을 어찌하면 좋을까요?

"남자아이는 책의 세계로 안내하기가 어려워요. 특히 중학교 남학생 중에는 독서랑 담쌓고 사는 아이들도 많습니다. 글쓰기는 아예 엄두도 못 내지요. 어떻게 하면 이 아이들을 책의 세계로 이끌 수 있을까요?"

 "도서관에 오는 남자아이의 수가 적고요. 도서관에 와도 학습만화나 과학 분야의 지식정보책을 주로 읽습니다. 남자아이들에게 문학이나 인문학 분야의 책을 읽히고 싶은데 어떤 방법이 좋을까요?"

 "제가 여중·여고 출신인 데다 딸만 키우는 엄마라 그런지 도서관에서 남자아이를 어떻게 대해야 할지 모르겠습니다."

 "외국의 경우, 성인 남성과 남자아이를 위한 독서 프로그램이 별도로 마련되어 있다고 들었습니다. 이에 대해 자세히 알고 싶습니다."

남자아이는 여자아이보다 읽기와 쓰기를 좋아하지도 않고 잘하지도 못한다고 합니다. 이런 믿음은 사실일까요? 사실이라면 어느 시기부터 어떻게 이런 차이가 생겨나는 걸까요? 우리는 책과 남자아이들을 제대로 만나게 해 주고 있는 걸까요? 책 읽기를 멀리하는 남자아이들에게는 어떤 배려와 도움이 필요한 걸까요? 이 장에서는 한국의 남자아이들이 어떤 독자인지, 우리의 독서 현실을 들여다보면서 위의 물음에 대한 답을 풀어 가겠습니다.

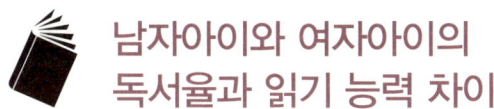
남자아이와 여자아이의 독서율과 읽기 능력 차이

전국에서 표본을 모집한 「2019년 국민독서실태조사」를 살펴보면, 여학생은 남학생에 비해 독서율이 훨씬 높습니다. 종이책과 전자책, 오디오북을 모두 합쳐 독서율을 계산해 보면, 여학생은 초등학교 때 98.2%, 중학교 때 96%, 고등학교 때 93.2%로 비교적 높게 유지되는 반면, 남학생은 초등학교 때 94.1%, 중학교 때 88.6%, 고등학교 때 84.3%로 점차 낮아집니다. 2015 개정교육과정에서 1학기 1책읽기가 도입되면서 중고등학교 남학생들의 독서율은 예년보다 약 10%p 높아졌습니다. 다행스러운 일이지요. 그러나 여전히 학교급이 올라갈수록 남녀간에 독서율 차이가 약 10%p 정도까지 벌어집니다.

좁은 의미로 문해를 이야기할 때, 글자를 못 읽는 사람을 '문맹자 illiterate', 글자를 읽을 수 있는 사람을 '문해자 literate'라고 합니다. 한국의 문맹률은 매우 낮아서 학령기에 비독자로 분류된 사람 대부분이 글자를 읽을 수 있는 문해자입니다. 고등학교 남학생의 15%는 대부분 글자를 읽을 수 있지만 읽지 않지요. 이들을 가리켜 '글에 무관심한' 혹은 '글을 싫어하는 사람aliterate'이라고 부릅니다. 한국의 경우 비독자의 대부분이 바로 이 범주로 분류될 수 있습니다.

학생은 책 읽기를 얼마나 좋아하나요? (단위 : %)

학교급	성별	좋아함	보통	싫어함	무응답
초등학생	남	46.0	33.8	20.1	0.1
	여	56.9	29.2	13.5	0.4
중학생	남	32.0	42.3	25.4	0.2
	여	45.5	34.5	19.8	0.2
고등학생	남	34.5	46.1	19.1	0.3
	여	49.2	33.4	16.8	0.6

(출처: 문화체육관광부, 「2019년 국민독서실태조사」)

학생은 종이책을 얼마나 자주 이용하시나요? (단위 : %)

학교급	성별	매일	일주일에 몇 번	한 달에 한두 번	몇 달에 한 번	전혀 안 읽는다
초등학생	남	30.1	40.7	6.4	15.0	7.8
	여	34.2	40.6	11.1	11.6	2.5
중학생	남	8.7	27.3	20.5	31.6	11.9
	여	8.5	22.3	25.3	39.3	4.6
고등학생	남	4.3	11.6	24.9	39.9	19.3
	여	9.1	13.4	25.2	44.8	7.5

(출처: 문화체육관광부, 「2019년 국민독서실태조사」)

표를 보면 알 수 있지만, 초등학교부터 고등학교까지 남학생은 여학생보다 평균적으로 책 읽기를 좋아하는 비율이 낮고, 싫어하는 비율은 더 높습니다. 그리고 그 격차는 학교급이 높아질 수록 더 커집니다. 독서 빈도를 살펴봐도 여학생이 전반적으로 더 자주 읽습니다. 그런데 흥미로운 점이 하나 발견됩니다. 중학교 남학생들입니다. 중학교 남학생 중 매일 읽거나 일주일에 몇 번 읽는 학생의 비율은 오히려 여학생보다 더 많습니다. 책읽기가 습관이 된 친구들이 많은 거죠. 이와 반대로 전혀 안 읽는 비독자의 비율도 확 늘어납니다. 독자의 양극화가 여학생보다 두드러지는 겁니다. 한 반이 30명인 남자 중학교 학급을 상상해본다면, 11명의 자주 읽는 아이들과 15명의 가끔 읽는 아이들, 전혀 읽지 않는 4명의 아이들이 같이 앉아 있는 셈입니다. 수업을 누구에게 맞춰야 할지 굉장히 어렵겠지요. 남자 중학생들의 독서 양극화는 국민독서실태조사에서 최근 계속 반복되어 나타나는 현상입니다.

남녀 학생의 격차는 읽기 능력에서도 반복됩니다. OECD 국가의 만 15세 학생을 대상으로 치러지는 '국제학업성취도평가$_{PISA}$'에서 한국 학생의 읽기 점수는 OECD 국가 평균에 비하면 30~40점가량 높습니다. 그러나 남녀 차이를 비교해 보면, 여학생의 읽기 능력이 남학생보다 앞서 가고 있습니다. 남녀 학생의 읽기 점수 차이는 2000년 14점이었던 것이, 2015년 41점까지 벌어졌다가 2018년에는 24점으로 조금 좁혀졌습니다.[50]

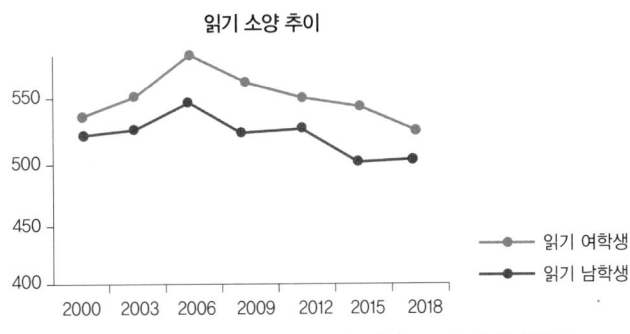

(출처: 교육부, 「OECD 국제 학업성취도 비교 연구(PISA 2018) 결과 발표」)

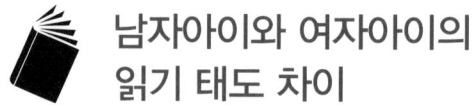
남자아이와 여자아이의 읽기 태도 차이

많은 남학생이 책을 안 읽고 읽기 능력도 낮다면, 남학생은 여학생보다 읽기 활동을 덜 좋아하고 덜 가치 있게 여기는 건 아닐까요? 읽기 활동을 하려거나 피하려는 심리적 성향을 '읽기 태도'라고 합니다. '책을 읽는 스스로가 자랑스럽다.', '책을 읽으면 재미있다.', '책 선물을 받으면 기분이 좋다.', '도서관에 자주 간다.', '읽을 책을 가지고 다닌다.' 등의 질문으로 읽기 태도를 가늠할 수 있지요. 읽을 능력이 돼도 읽기가 싫거나 읽기에 의미를 두지 않거나 다른 활동 때문에 읽기가 항상 미뤄진다면 읽기 행위는 일어나지 않지요. 그래서 학자들은 최근 읽는 능력을 키워 주는 것보다 읽기에 대한 긍정적인 태도를 갖는 것을 실제 읽기 행위를 일으키는 주요한 요인으로 지목하고 있습니다.

여러 연구를 종합해 보면,[51] 독서에 대한 긍정적인 읽기 태도는 초등학교 저학년인 2학년 때 최고조에 이르지만 이를 기점으로 조금씩 줄어들고, 특히 5학년에 접어들면 급격히 줄어들어, 중학교 2~3학년 때는 최하로 떨어진다고 합니다. 학자들은 이러한 이유를 다음과 같이 설명합니다. 학년이 올라갈수록 학업과 성적에 대한 압박이 심하고 과도한 사교육이나 숙제로 자유로운 독서 시간과 여력이 없어진다는 점, 가정과 학교에서도 학습을 위한 독서, 특히 입시나 논술에 유리한 독서를 강조하여 아이들이 점점 더 즐거움으로서의 독서reading for pleasure를 하기 어렵다는 점, 또한 클수록 여가활동으로 독서나 운동, 친구들과의 놀이보다는 인지적으로 수동적인 활동(예를 들어, TV, 인터넷, 스마트폰, 게임 등)을 선호한다는 점 등을 들고 있습니다. 읽기 태도에도 남녀 차이가 있습니다. 초등학생과 중학생 모두 남학생보다는 여학생의 읽기 태도가 훨씬 긍정적인 것으로 나타납니다.

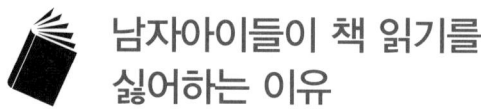
남자아이들이 책 읽기를 싫어하는 이유

　남학생의 독서율, 읽기 능력, 읽기 태도가 여학생에 비해 낮은 현상은 우리만의 문제가 아닙니다. 전 세계적으로 차별 때문에 교육받을 기회도 얻지 못하는 여성이 아직도 많지만, 교육 기회의 남녀 차가 사라진 대부분의 경제적 선진국에서는 여학생이 우위에 있는 것이 거의 공통된 현상입니다. 우리보다 앞서 남학생의 독서교육을 고민했던 나라에서는 이 문제를 어떻게 파악하고 대응했을까요?
　연구자들은 남학생의 독서율과 읽기 능력, 읽기에 대한 흥미와 태도가 여학생에 비해 낮아지고 있는 이유를 이렇게 설명합니다.[52] 우선, 남학생은 '독서는 여성스러운 활동이며 쿨하지 않다.'는 문화적 편견을 갖고 있답니다. 책을 좋아하는 남학생들을 범생, 샌님 혹은 계집애 같다고 여긴다는 거지요. 청소년기에는 또래집단의 영향력이 매우 강하기 때문에 친구에게 위와 같은 이미지로 비치고 싶지 않아 합니다. 남학생들 사이에는 남성적인 이미지와 연관된 운동 능력, 주먹의 세기 등은 내세우고 싶어 하나, 책을 좋아하는 성향은 드러내고 싶지 않은 문화가 있는 거지요. 또한 연구자들은 학교 수업에서 제시되는 읽기 자료, 추천되는 책, 출판되는 책이 남학생들의 흥미를 불러일으키지 못한다고 지적합니다. 남학생은 시각과 공간 감각이 뛰어나 게임이나 TV, 웹사이트 등의 매체를 좋아하고 정보를 간결하게 담은 설명적인 텍스트를 좋아하는 데 비해, 학교가 제시하는 텍스트는 문학 분야 위주의 종이 위에 찍힌 인쇄물이 대부분이라는 거지요.

남학생이 책 읽기의 역할모델을 주변에서 찾기 어렵다는 점도 또 다른 이유로 꼽힙니다. 남학생들은 어릴 때부터 가정에서는 아빠보다 엄마가 책을 주로 읽어 주고, 유치원에서 책을 읽어 주는 교사는 대부분 여성이며, 초등학교에 들어가서는 여선생님들에게 수업을 받습니다. 학교도서관의 사서교사도 다수가 여성입니다. 독서에 대한 태도를 형성하는 중요한 어린 시기에 독서를 권하거나, 모델링을 할 만한 남성이 주변에 별로 없습니다. TV나 게임에 등장하는 남자 주인공이나 영웅 그리고 이들 매체를 즐기는 남성을 자주 볼 수 있는 것과는 매우 대조적입니다.

마지막으로 연구자들은 남학생은 여학생보다 활동 중심의 학습 방식을 선호하는데, 독서 수업은 그렇지 못하다는 이유를 들고 있습니다. 조용히 책 읽기, 시간을 채우기 위해 time-filler 책 읽기, 가만히 앉아서 책 읽기, 어떤 책을 골라야 할지, 책을 읽으면서 무엇을 생각하면 좋을지에 대한 구체적인 지도 없이 알아서 책 읽기 등은 남학생들이 선호하는 학습 방식이 아니라고 합니다.

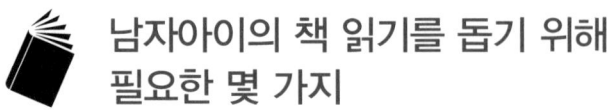# 남자아이의 책 읽기를 돕기 위해 필요한 몇 가지

 남자아이의 책 읽기를 돕기 위해 학교와 가정에서는 어떤 변화가 필요할까요? 영국과 미국, 캐나다에서 이루어진 캠페인과 프로그램에는 여러 가지 제안이 있습니다. 이들을 종합해 한국 남자아이들의 책 읽기를 도울 수 있는 방법 몇 가지를 정리해 보았습니다.
 첫째, 남자아이가 선호할 만한 다양한 책을 구비해 놓는 것입니다. 대체적으로 남자아이가 좋아하는 책은 다음과 같습니다.

- 자신이 원하는 이미지와 역할모델을 찾을 수 있는 남성이 주인공인 책
- 동일한 등장인물과 비슷한 이야기 전개 방식으로 익숙하고 독해하기 편안한 시리즈물
- 남자아이 특유의 유머와 엉뚱함, 말썽이 들어가 있는 이야기책
- 감정보다는 행위 묘사에 초점을 둔 이야기책

- 사진이나 그림, 도표, 그래프, 만화 등 시각적 요소가 곁들여진 책
- 남자아이가 친구와의 대화에 활용할 수 있는 전문가적 지식이 간결하게 제시된 책
- 서로 다른 관점이 대치하는 논쟁적 주제를 담은 책
- 잡지, 만화, 카드, 매뉴얼, 웹사이트 등 학교에서 진지한 독서로 여기지 않는 글
- 공상 과학소설이나 판타지 분야의 책
- 문제 해결에 초점을 맞춘 추리물
- 비판과 해학이 담긴 책

비독자인 남자아이에게 책을 추천할 때는 위와 같은 책에서 출발점을 찾는 것이 좋겠지요. 학교와 학급 도서관에 이러한 종류의 책이 구비되어 있는지 살펴볼 필요가 있겠습니다.

둘째, 남자아이에게 맞는 학습 방식으로 독서 지도를 하는 것입니다. 남자아이는 독서에 관한 교사의 설명이 명확하고 구체적이고 시각적일 때 이해하기 쉬우며, 동적인 활동을 통해 배우기를 좋아합니다. 많은 남자아이들이 문학작품에서 좀 더 깊은 의미를 끌어낼 수 있는 숨겨진 문학적 장치를 알아차리기 힘들어합니다. 남자아이들은 글에서는 표면적으로 드러나지 않고 행간을 읽으며 직관적으로 알게 되는 주인공의 감정, 상징이나 은유 등으로 표현되는 분위기 묘사 등을 이해하기 어렵다는 거지요. 구체적으로 묘사된 일화나 행위, 증거물 등으로 문제를 해결하는 추리소설이 복잡하더라도 차라리 더 이해하기 쉽습니다. 유능한 문학 독자, 국어교사, 여성은 대부분 숨겨진 문학적 장치를 무의식적으

로 이해하기 때문에 드러내 놓고 이야기하거나 가르치지 않습니다. 그래서 남자아이는 문학작품을 읽으면서 숨겨진 장치를 이해하지 못하는 자신을 바보스럽게 여기고 이를 들키지 않기 위해 훨씬 긴장하게 됩니다. 따라서 교사는 문학작품에 숨겨진 장치를 이해하는 과정을 명확하게 드러내 가르쳐 줄 필요가 있습니다. 남자아이에게 친화적인 독서교육 방법은 다음과 같습니다.[53]

- 끝나는 시간 명확하게 알려 주기
- 짧고 간결하고 명확하게 지시 사항 알려 주기
- 게임이나 활동 등 동적인 요소 포함하기
- 조사나 탐구, 발표 등 목적의식이 뚜렷한 읽기 과제 내주기
- 남자아이들이 선호하는 시각과 공간적인 방식으로, 즉 그림이나 도형, 마인드맵 등으로 사건이나 인물 간의 관계 등을 이해하게 도와주기
- 목소리에 주인공의 감정과 분위기가 가진 느낌 담아 읽어 주기
- 교사가 소리 내어 책을 읽어 주면서 자신이 생각하거나 느끼는 바를 이야기해, 문학적 장치를 이해하는 과정 직접 보여 주기(예를 들어, "선생님 생각에 '흔들리는 나무'는 말로는 안 그런 척하고 있는 엄마가 실제로는 더 불안한 걸 나타내는 것 같아.")
- 교사가 책을 읽어 주면서 이해하기 어려운 복선이나 은유, 상징이 나타난 부분이 있으면 아이들에게 물어보아 다른 아이들이 이해하는 과정을 듣도록 해 주기
- 읽은 내용을 연극, 역할극, 노래가사 등 다른 장르로 변용하여 구체적으로 이해할 수 있게 해 주기

셋째, 독서에 대한 긍정적인 남성 역할모델을 제공해 주는 것입니다. 책을 읽는 것이 여성스러운 일이 아니라는 것을 보여 주기 위해, 다음과 같은 방법으로 다양한 목적을 갖고 다양한 분야의 책을 읽는 남성 역할모델을 만날 수 있도록 돕습니다.

- 책 읽기 포스터나 전시물에 남성성이 강한 이미지 담기
- 아버지가 가정에서 책 읽어 주기
- 아버지가 읽어 주기 좋은, 혹은 아버지와 함께 읽으면 좋을 책 목록 제시해 주기
- 아버지와 남선생님의 독서 모습 보여 주기
- 성인 남성으로부터 책 읽기가 직업과 개인적 삶에 어떤 영향을 끼치는지 듣게 해 주기
- 아버지와 아들이 함께하는 책 읽기 동아리 활동하기
- 남성 작가 만나게 해 주기
- 남자아이들이 관심 갖고 있는 활동과 책 읽기를 연결 지어 주기
- 직업 및 여가활동에 대한 성차별적 편견을 깨 주는 책을 읽고 이야기 나누기

이와 관련해 영국에서 성공적으로 이루어진 프로그램 가운데 프리미어리그 축구단과 학교가 함께 진행한 프로그램이 있습니다. 이 프로그램에 참여한 모든 아이들에게는 축구와 관련된 책, 축구 선수가 쓴 책, 축구 관련 잡지가 풍부하게 소개되었습니다. 함께 책을 읽고 이야기를 나누고, 축구를 하고, 축구 경기를 보기도 했습니다. 선수들은 책 읽

기 포스터 사진을 찍고, 학교에 가서 책을 읽어 주고 상을 주는 등 다양한 역할모델로 활동했습니다. 가장 남성적인 이미지를 가진 축구 선수가 모델이 됨으로써 독서에 대한 성차별적인 편견을 깨려고 했지요. 아이들은 축구와 관련된 책을 읽으면서 축구에 대한 지식도 늘고, 친구나 아버지와 책에 대해 상호작용할 기회도 많아졌으며 할 이야기도 많아졌습니다. 또한 훨씬 더 깊고 풍부하고 재미있게 축구 경기를 이해할 수 있게 됐습니다. 책 읽기가 자신의 생활에 의미 있게 활용되는 경험을 하게 된 거지요.

우리 선대에는 책 읽기가 선비와 관련되어 있었기에 책 읽기와 글쓰기는 남성의 전유물이었지요. 오히려 여자아이가 책 읽기나 공부에 대한 역할모델을 남성으로부터 찾아야 했습니다. 그러나 현재 한국의 상황은 외국과 그리 다르지 않은 듯합니다. 책의 수서와 추천, 소개, 도서관 공간의 꾸밈, 전시, 읽어 주는 사람, 읽기를 권하는 사람, 독서 지도, 독후 활동, 문학 독서의 방식 등에서 남자아이들을 적극적으로 포괄하려는 시도가 필요한 때라고 생각합니다.

• 10장 •

책을 안 읽는 사춘기 아이가 걱정이에요

> "어릴 때는 책 읽기를 좋아했는데, 중학교 들어가면서부터 책과 멀어지고 있어요. 도와줄 방법이 없을까요?"
>
> "연예인 뉴스나 팬 사이트, 웹툰, 팬픽은 적극적으로 읽고 댓글을 다는데, 조금만 심각하거나 진지한 글은 읽기도 쓰기도 싫어합니다. 그냥 내버려 둘 수도 없고 걱정하며 한마디 하면 듣기 싫어하네요. 어떻게 하면 좋을까요?"
>
> "학교 아이들의 읽기 수준이 천차만별이에요. 고등학생인데 초등학교 고학년이 읽을 만한 쉬운 글도 이해를 못한다거나 영어 문장을 한글로 번역해 주어도 무슨 말인지 잘 모르겠다는 아이들이 꽤 있어요. 어떻게 하면 좋을까요?"
>
> "청소년은 각종 사교육과 시험 준비로 도서관에 올 짬이 안 나나 봐요. 그나마 도서관에서 만나는 청소년은 자기가 가져 온 문제집을 풀거나 시험공부를 하는 등 도서관을 독서실 용도로 이용하고 있습니다. 도서관다운 청소년 서비스와 프로그램을 기획하고 싶은데 아이디어가 별로 없네요."

학부모를 대상으로 하는 강연에서 본론으로 들어가기 전에 자녀의 학령을 물어봅니다. 반 이상은 미취학 아동이나 초등학교 저학년생 부모이고, 초등학교 고학년생 부모는 드문드문 있습니다. 청소년 자녀를 둔 부모는 소수입니다. 청소년 자녀의 부모 가운데에는 족집게처럼 집어 주는 입시 준비용 독서·논술 전략을 염두에 두거나, 예전 같지 않은 아이의 독서열에 위기감을 느껴서, 입시 성패와 무관하게 어른이 되기 전 아이의 책 읽기에 영향을 줄 수 있는 마지막 기회라는 생각에 온 분도 계십니다. 어떤 마음을 먹고 왔든, 지금의 교육 현실에서 청소년 자녀의 책 읽기를 위해 부모가 영향을 줄 수 있는 선택지가 많지 않다는 데는 공감대를 이룹니다. 강연이 끝나고도 뭔가 달리 해 보리라는 표정의 초등학생 부모와 달리, 이 분들은 독서교육에 대한 자신의 철학과 방법을 되돌아보고 방향을 바꾸기에 너무 늦은 것은 아닌지 초조함을 보입니다. 더구나 아이에게 득이 될 거라 여겨 욕심내 시도했던 일들이 효과가 없었거나 오히려 책을 멀리하게 만든 이유가 됐다는 것을 깨닫게 되면 씁쓸한 마음이 든다고 합니다.

청소년기 책 읽기의 막막한 현실

　중·고등학교 교사를 만나면 책 읽기에 흥미가 없는 아이들이 생각보다 많고, 단어를 하나하나 설명해 주지 않으면 책장을 넘기지 못하는 아이들이 꽤 있다고 토로합니다. 수행평가로 내주는 독후감 쓰기를 아이들이 흥미를 가지고 의미 있게 할 수 있는 방법을 모색하는 교사도 많습니다. 특히 국어과가 아닌 경우, 사범대학에서든 이후의 교사 재교육에서든 독서교육에 대한 교사 교육을 받지 못하는 경우가 많아 막막함을 토로하지요. 대학 진학 외의 진로를 꿈꾸는 아이들을 가르치는 실업계 학교 교사는 시험용 글 읽기와 논술 글쓰기를 벗어난 독서교육 교재와 방법이 많지 않다는 것에 목마름을 느낀다고 합니다.
　청소년기의 책 읽기는 입시에 초점을 둔 교육 환경, 과도한 학습 부담으로 부족한 여유 시간, 다양한 분야와 주제를 아우르는 청소년 도서의 부족, 청소년 도서에 대한 전문 서평집 부족, 독서의 목적과 텍스트에 대한 좁은 이해, 다양한 청소년 독서교육 방법의 부족, 아이들의 타율적인 독서 습관, 컴퓨터 게임, 인터넷, TV, 스마트폰 같은 다른 오락 매체와의 경쟁 등 장애와 과제가 있습니다. 청소년기의 책 읽기는 가장 풀기 어려운 실타래임에도 불구하고 가장 적은 관심과 손길이 간 영역이라고 할 수 있습니다.

청소년기에 책 읽기 활동이 위축되거나 특정 분야로만 좁혀지는 현상에 대한 원인으로는, 청소년들 앞에 놓인 입시와 취업을 위한 과잉 경쟁을 들 수 있을 겁니다. 이러한 구조적이고 문화적인, 심지어 신화적이기까지 한 틀을 변화시키는 작업은 교육 안팎에서 매우 오랜 시간에 걸쳐 이루어져야 하겠지요. 그러나 입시 전략을 넘어 지속적인 평생 성장을 염두에 두고 책 읽기를 바라보는 교사와 학부모가 청소년에게 제공할 수 있는 독서교육의 가능성은 닫혀 있지 않습니다.

간혹 독서교육 관련 강연에서 자녀의 아동기에 하던 독서교육이 청소년이 된 후에는 더 이상 통하지 않아 길을 잃을 것 같다는 학부모의 이야기를 듣게 됩니다. 바로 그 지점에서 문제가 시작되는 것은 아닐까요? 아이들은 달라지고 있는데 어른들은 발달의 변화를 따라가지 못하거나, 어른이 주도한 독서교육에 순응해 온 아이들의 인내심이 한계에 다다른 것은 아닐는지요. '책을 선택하는 안목을 배우지 못한 채 선정된 책을 읽고, 주어진 질문과 논제에 따라 정답을 찾고, 사회적 상호작용 없이 검사받고 평가받는 독후감을 쓰고……. 관심사와 고민과 무관한 글 읽기는 더 이상 못해 먹겠다.', '형벌같이 많아진 영어, 수학 공부와 책 읽기를 병행하지 못하겠다.' 어른의 주도로 책을 읽어 온 아이들이나 절대적인 짬이 없이 공부 노동에 시달리는 아이들은 대체로 이렇게 느끼고 있는 것 같습니다. 이런 아이들은 수행평가나 독후감 숙제에 요구되는, 소위 양질의 책 읽기는 최소한의 노력으로 억지로 해내면서 어른들이 인정하지 않는 판타지나 로맨스 소설, 웹툰, 팬픽fan fiction 등의 분야로 자기네들끼리 숨어 들어갑니다.

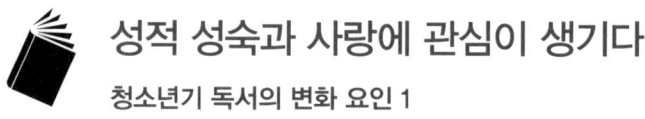

성적 성숙과 사랑에 관심이 생기다
청소년기 독서의 변화 요인 1

청소년기의 책 읽기는 아동기의 책 읽기와 어떤 질적인 차이가 있는 걸까요? 아동기의 독서교육과 달리 청소년기에는 어떤 특별한 관심이 필요한 걸까요? 우선 청소년기의 책 읽기는 두 가지 큰 축의 변화를 갖습니다. 하나는 아이들의 발달상의 변화 때문에 일어나고, 다른 하나는 청소년이 접하는 텍스트의 변화 때문에 일어납니다. 이 두 가지 축은 서로 영향을 주면서 아이들이 읽는 글의 내용과 방식을 바꿉니다. 발달심리학자들은 청소년기가 아동기와 두드러지게 다른 특성을 성적 성숙, 추상적 사고의 발달, 자기정체성에 대한 관심, 또래집단 및 이차적 사회화의 영향 등으로 설명합니다. 발달의 정도와 속도에는 개인차가 있지만 대부분의 청소년은 신체적·지적·정서적·사회적·문화적 변화를 겪으며 어른이 됩니다.

청소년은 신체적으로 이차성징을 겪으면서 달라지는 자기 신체 이미지에 신경을 쓰고 이성에 대한 관심도 높아집니다. 따라서 사랑과 연애를 주제로 한 글과 영상을 좀 더 깊이 이해하고 즐길 수 있게 됩니다. 신체나 성애에 대한 표현, 사랑의 시작과 만남, 이별, 그에 따르는 행복과 고통, 결과와 책임 등 동화에서는 다루지 않는 부분을 본격적으로 읽어 낼 수 있게 되지요. 이성 간의 동경과 사랑을 다루는 소설이나 노래 가사, 만화 등을 재미있게 읽기 시작합니다. 특히 학습에 대한 강한 압박으로 청소년 간의 이성교제를 통제하는 분위기에서 적극적이고 공개적으로 사랑을 직접 경험하지 못하는 아이들은 연애를 글로 배우는 간접 체험을 찾아 나섭니다. 이성적 우상으로 삼는 연예인을 주인공으로 이야기를 만들거나 재창작하는 팬픽을 읽고 쓰면서 연애 감정을 상상하기도 합니다.

성적으로 발달하고 사랑에 대한 관심이 생기는 것은 가장 자연스러운 청소년기의 특징임에도 학교는 성과 사랑에 대해서 본격적으로 읽고 토의하기를 꺼려 합니다. 학교가 가르치는 성과 사랑은 여전히 보건·생물학적 측면에 치우쳐 있습니다. 청소년이 현실의 성과 사랑을 배울 수 있는 곳은 역설적이게도 대중매체입니다. 한국의 청소년 문화는 대중문화와 대중매체의 의존성이 매우 강합니다. 다음 쪽의 표에서도 알 수 있듯이 청소년들이 가장 많이 참여하는 여가활동은 인터넷 검색과 게임, TV 시청, 모바일 콘텐츠와 동영상 시청입니다. 그밖에도 통화나 문자 보내기, 음악 감상, 영화 관람 등으로 대중매체와 밀접하게 연결되어 있습니다.

15~19세 청소년이 가장 많이 하는 여가활동 상위 10개　　　　　　　　　　(단위 : %)

1순위 (개별)		1+2+3+4+5 순위 (복수응답)	
인터넷 검색	31.0	인터넷 검색	55.1
게임	11.3	게임	48.4
TV 시청	10.2	모바일 콘텐츠/동영상	46.3
잡담/통화하기/문자보내기	9.2	잡담/통화하기/문자보내기	44.9
모바일 콘텐츠/동영상	8.8	TV 시청	42.3
음악 감상	8.8	친구만남/이성교육/미팅/소개팅	35.9
농구, 배구, 야구, 축구, 족구	3.2	음악 감상	31.3
반려동물 돌보기	2.3	쇼핑/외식	21.7
만화 보기	1.8	영화 관람	20.1
친구만남/이성교육/미팅/소개팅	1.6	농구, 배구, 야구, 축구, 족구	15.1

(출처: 문화체육관광부, 「2019 국민여가활동조사」)

　　그러나 청소년과 성인 매체의 구분이 거의 없다 보니 아이들이 대중매체로부터 읽어 내는 신체 이미지나 성과 사랑에 대한 메시지는 성인의 것과 다르지 않습니다. 학교의 공식 담론과 대조적이지요. 아이들은 성과 사랑에 대해 매우 이중적인 메시지를 접하게 됩니다. 대중매체에서는 노골적으로 혹은 암시적으로 보여 주는 성적 표현들이 많지만, 정작 자신의 성적 건강을 어떻게 보호해야 하는지, 성은 사랑과 어떤 관계를 갖는지는 제대로 배울 수 없습니다. 대중매체는 동성애를 이야기하지만 아이들은 그것이 이성애와 어떻게 다른지 제대로 알기 어렵습니다. 학교도서관이나 공공도서관은 이러한 청소년의 성과 사랑에 대한 호기심과 혼란스러운 정보에 응답할 필요가 있습니다.

미국도서관협회는 청소년의 성과 사랑에 대한 장서를 도서관에 구비하는 것, 다양한 전문가의 도움으로 성과 사랑을 주제로 한 목록을 만드는 것을 매우 중요한 과제로 삼습니다. 협회는 균형 잡힌 장서 목록을 만드는 것과 그 목록이 성에 대한 선동자 역할을 하게 되는 것 사이의 긴장에 대해서 우려합니다. 또한 성에 대한 청소년의 정보 접근권을 인정하는 것과 장기적 행복을 염려하는 가족관계 안에서 성 관련 정보가 제공될 때 청소년이 가장 건전하게 자란다는 연구 결과 사이에 논란이 존재함을 인정합니다.[54]

성과 사랑에 대한 장서를 구비하고 목록을 만들고 수업에 도입할 때 이러한 긴장 사이에서 균형을 잡는 것은 어려운 과제지만, 이를 인지하고 유념하는 것은 그렇지 않았을 때와는 다른 차이를 만듭니다. 균형 잡힌 정보란 보편적인 모든 상황보다는 구체적인 상황 속에서 만들어지기 때문입니다. 성에 대해 무지하거나 잘못된 정보를 가진 청소년, 이성교제의 경험이 있거나 없는 청소년, 성 경험이 있는 청소년, 미혼모거나 낙태를 경험한 청소년, 적절한 성교육을 해 줄 수 있는 부모가 없는 청소년 등 다양한 상황에 따라 원하는 정보도 다양할 것입니다. 각각의 상황에 따라 부각되는 신체적·심리적 문제나 인간관계의 딜레마도 다르겠지요. 그리고 이를 다루는 정보와 이야기도 다를 겁니다.

한국의 청소년이 경험하고 있는 다양한 성과 사랑의 상황을 인지하고, 그에 맞는 책과 사이트의 목록을 만드는 작업이 『성과 사랑 365』(학교도서관저널)라는 책으로 시도되었습니다. 이를 부모, 상담교사, 담임교사와 공유하는 일은 성과 사랑에 대한 목마름을 대중매체에서 해소했던 아이들에게 큰 도움이 되리라 생각합니다.

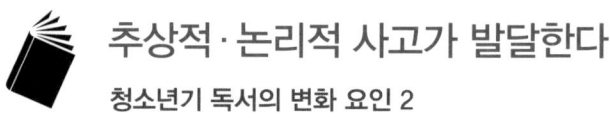

추상적·논리적 사고가 발달한다
청소년기 독서의 변화 요인 2

청소년은 자신의 경험 혹은 구체적 세계를 넘어 추상적이고 논리적인 사고가 발달합니다. 자신이 직접 경험하지 않은 추상적 상황에 대해서도 가설을 세우고 그에 따라 결론을 이끌어 낼 수 있습니다. 세계에 대한 관심 또한 직접적인 실생활과 구체적으로 관찰할 수 있는 세계를 넘어 사회적·국제적 문제, 시간대를 달리하는 과거와 미래에 대한 관심, 죽음과 종교로까지 확장됩니다. 읽기·쓰기라는 측면에서 이러한 인지적 발달이 일으키는 가장 큰 변화는 청소년기에 이르러 학문적 특성에 맞는 '갈래별 글 읽기disciplinary literacies'가 본격적으로 이루어진다는 점입니다.

초등학교 저학년 때에는 읽기 능력을 갖기 위해 배웁니다learn to read. 글자를 소리 내어 읽는 법을 배우고, 눈으로 글자를 통으로 읽으며 유창성을 높이고, 배경지식과 어휘, 다양한 독해 전략을 이용하여 글의 뜻을 파악하는 연습을 합니다. 이때는 주로 자기 생활에서 경험한 사건이나 감정 등을 다룬 글을 읽으면서 '읽기'라는 능력을 배웁니다. 그러다가 학년이 높아지면서 '배우기 위해서 읽기read to learn'의 비율이 높아집니다. 도구로서의 읽기 능력을 갖추었으므로 이 도구를 가지고 새로운 사실이나 감정을 배워 가게 되는 거지요.

중·고등학교에 들어가면 읽기를 통한 배움이 좀 더 깊어지고 세분화됩니다. 아이들은 전 교과목을 한 교사에게 다 배우지 않고 과목을 전공한 교사에게 따로 배우게 됩니다. 각각의 과목이 세계의 어떤 부분에 관심을 두고 있으며, 어떤 방법론과 어떤 글쓰기 방식으로 독자를 설득하는지를 좀 더 명확하게 구분하여 배우게 됩니다. 수학, 과학, 문학, 사회과학, 역사, 체육, 음악, 미술 등의 학문에서 서술하는 언어의 차이를 알게 됩니다. 예를 들어, 어떤 개념을 정의하는 방식은 수학과 사회과학이 서로 다릅니다. 생물학이 바라보는 인간과 문학이 바라보는 인간이 다르고요. '가설–실험/관찰–결론'으로 구성되는 자연과학적 글쓰기와 문학적 여행기의 글쓰기는 발상부터 서술 형식까지 다릅니다. 수학의 원과 추상화의 원, 무용에서의 원 등 학문마다 특수하게 쓰이는 상징과 기호를 읽어 내는 것도 필요합니다. 청소년이 읽는 글은 난이도만 쉬울 뿐 각 학문 분야에서 전공자가 읽는 글과 형식이 비슷합니다.

이러한 학문적 글 읽기는 청소년에게 새로운 도전일 수 있습니다. 사서교사에게도 다양한 전공 분야의 책을 고르고 소개하는 일은 큰 도전일 수 있습니다. 학문 분야의 전문 지식과 경험, 기술이 가장 잘 드러나면서 수업에서 다루어지는 내용을 아이들의 수준에 맞게 쓴 글을 찾아야 하기 때문입니다. 사서교사가 모든 학문 분야의 전문성을 갖추기 어렵기에 중·고등학교에서는 교과교사와 사서교사의 협력이 반드시 필요합니다. 교과교사는 어떤 정보가 중요한지, 어떤 종류의 질문이 의미 있는지, 학문 분야에 따른 글의 형식은 어떠해야 하는지, 저자의 생각이 가진 정확성, 신뢰성 및 가치를 어떻게 평가할 수 있는지 등을 가장 잘 아는 사람입니다.[55] 따라서 사서교사는 각 교과교사 모임 등에서 만든 좋은 책 목록에 꾸준히 주의를 기울일 필요가 있습니다. 동료 교과교사와 책 선정에 대해 논의하는 것도 서로에게 유익할 수 있습니다. 사서교사는 교과교사에게 새 책을 소개해 줄 수 있고, 교과교사는 책의 내용에 대한 전공자의 평가를 제시할 수 있겠지요.

과목별로 책을 읽는 수행평가를 내줄 때도 어떤 기준으로 이 책을 선정했는지, 이 책이 전공자의 눈으로 보았을 때 어떤 장점을 가지고 있는지, 전공 학문 분야의 글쓰기 특징은 어떻게 드러나 있는지 아이들에게 알려 줄 필요가 있습니다. 책에 대한 이런 소개를 통해 아이들은 자신에게 잘 맞는 학문 분야에 대한 접근 방식, 방법론, 글쓰기 방식을 탐험해 볼 수 있습니다. 학문적 글 읽기에 대한 탐색은 앞으로 전공 학과와 진로를 결정할 때 도움이 되겠지요.

우리 청소년들은 학문 분야별 글 읽기를 접하지만, 각 전공 학문 분야의 고유한 사고방식을 확장시키고 글쓰기로 연결 짓지 못하는 경우가 많습니다. 즉 역사책을 통해 역사에 대한 글을 읽지만 그것이 역사가의 안목과 사고방식, 글쓰기 방식으로 확장되는 데는 한계가 있습니다. 이에는 두 가지 이유가 있어 보입니다. 하나는 기형적일 정도로 객관식 문제 풀이에 의존하는 평가 때문입니다. 다양한 분야의 글을 읽더라도 대부분 객관식 문제 풀이에 효율적일 수 있는 요약 글로 다시 정리하여 외우게 됩니다. 다른 하나는 분야별 글쓰기에 대한 수업과 연습이 매우 부족하기 때문입니다. 우스갯소리로 "한국 학교는 스무 살까지 세 가지 글만 쓰게 하는데, 그것은 일기, 독후감, 논술"이라고 할 정도니까요. 소설을 읽더라도 분석하고 문제를 풀고 독후감을 쓰는 데는 많은 시간을 할애하지만, 소설 쓰기를 교육하고 연습하지는 못하지요.

자기정체성에 대한 탐색에 관심을 갖는다
청소년기 독서의 변화 요인 3

    청소년은 가정을 넘어 이차적인 사회화를 통해 자기정체성에 대한 탐색에 관심을 갖습니다. 청소년기에는 나는 누구이고, 어디에 속한 사람이며, 무엇을 할 수 있고, 무엇을 하고 싶은 사람인가 등 자기 자신에 대한 총체적인 관념을 재정립하게 됩니다. 부모나 형제 등 일차적인 양육자가 부여한 자기 이미지와 가치관으로부터 서서히 독립하고, 또래집단, 학교, 사회, 매체 등 보다 넓은 사회적 영향을 받으면서 자신의 이미지나 가치관을 다시 세워 갑니다.

    부모로부터 점차적으로 독립하고 자신의 주장을 세워 가는 시기이기에 부모가 골라 준 책, 부모에게 떠밀려 온 프로그램은 효과를 보기 어렵습니다. 아동기에 이루어졌던 독서교육이 주로 부모의 강압이나 외적 동기에 의해 이끌려 온 것이었다면, 더 이상 그 방법이 통하기 어려워집니다. 청소년을 대상으로 하는 독서교육과 프로그램은 가능하면

아이들에게 주도권을 주어 소속감을 높이는 방식으로 이루어질 때 효과가 있습니다.[56]

학교나 지역의 청소년들에게 설문을 하거나 인터뷰를 해 청소년 의견을 프로그램에 반영하는 것, 청소년이 뽑은 책의 목록을 제공하는 것, 도서관에 청소년 자문단을 구성하여 그들의 아이디어를 경청하고 홍보대사의 역할을 맡기는 것, 청소년의 고민과 꿈과 문제를 다룬 책을 주제별로 소개하고 목록화하는 것은 자기정체성을 탐색하는 청소년에게 효과적입니다.

청소년기의 자기정체성은 또래집단에 강한 영향을 받기에 친구끼리 자유로운 독서동아리를 운영할 수 있게 도와주는 것도 좋습니다. "어른들이 독서동아리에 가입하는 이유는 '책' 때문이다. 그러나 십대들이 독서동아리에 가입하는 이유는 '동아리'이기 때문이다."[57]라는 글을 기억할 필요가 있습니다. 어른들은 책과 깊이 관계 맺고 싶어 하고, 청소년들은 책을 매개로 친구들과 관계 맺고 싶어 합니다.

청소년들이 웹툰을 읽고 쓰는 댓글이나 스마트폰 메신저 채팅 등의 글쓰기에 들이는 시간과 노력을 보면, 사회적인 소통을 위한 읽기·쓰기에 실제로 얼마나 활발하게 참여하고 있는지 놀라게 됩니다. 청소년을 이해한다면 글쓰기와 읽기를 검사하고 평가하는 방식이 아니라, 사회적 소통의 맥락으로 옮겨 놓는 방식을 더 많이 개발할 필요가 있습니다. '정해 준 도서로 제출용 독후감 쓰기'와 '학교 방송용 대본으로 내가 고른 책의 서평 쓰기'는 비슷해 보이지만 사회적 맥락과 목적이 매우 다르지요. 전자의 맥락이 평가라면 후자의 맥락은 소통입니다.

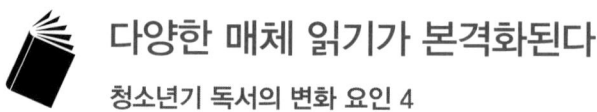

다양한 매체 읽기가 본격화된다
청소년기 독서의 변화 요인 4

　청소년기는 가정과 또래의 범위를 벗어나 좀 더 넓은 사회에서의 사회화가 이루어지면서, 다양한 매체 읽기가 본격화되는 시기라고 볼 수 있습니다. 앞서 지적했듯이, 한국 청소년은 야외 공간에서 누리는 여가 활동 양이 매우 부족합니다.[58] 독서교육과 관련해서 가장 흥미로운 점은 야외에서의 신체활동이나 직접적인 세계에 대한 체험이 축소되다 보니 유난히 텍스트와 관계하는 여가문화가 발달해 있다는 것입니다. 글과 이미지를 이용한 인쇄물과 인터넷의 텍스트, 영상과 음악의 텍스트, 문자나 이메일 메시지와 블로그와 카페의 글, 비디오게임 등 사실 거의 모든 청소년들이 텍스트와 관계하며 놉니다.
　청소년기는 아이가 받아 온 독서교육의 빛과 그림자가 서서히 나타나기 시작하는 때입니다. 누군가 읽어 주는 걸 듣거나 스스로 읽기를 거의 하지 못한 아이는 해독 능력이 여전히 문제가 되어 글자를 유창하게 읽지 못합니다. 자기 수준보다 어려운 책을 빨리, 많이 읽기를 요구받았던 아이들은 글자를 읽되 머리는 쓰지 않는 가짜 읽기에 익숙해집니다. 억지로 읽어 왔던 아이는 이해력이 높아도 읽고 싶어 하지 않습니다. 학원 교재나 문제집 등 매일 엄청난 양의 읽기를 소화해 왔다면 글자 읽기 자체가 버겁습니다. 골라 준 대로만 읽었다면 책을 고르지 못합니다. 책 읽기를 즐겁게 경험하지 못했다면 다른 즐거움을 찾습니다. 정답 찾기와 퀴즈 풀이로 읽기를 점검해 왔다면 사실과 정보만 받아들이고 사고하기를 멈춥니다. 물론 읽기가 아닌 다른 경험으로 자신과 인간과 세계에 대해 깨우치는 아이도 있습니다. 하지만 옳다고 믿었던 독서교육의 결과로 책에 대한 어두운 그림자를 갖게 되는 아이들이 많습니다. 이들이 책에 대해 어떤 경험을 했는지 살펴보는 게 꼭 필요합니다. 그 경험은 아이들마다 다르기에 각기 다른 그림자에 각기 다른 빛을 비추어야겠지요.

청소년들은 왜 책 읽기를 하는지에 대해 스스로 납득할 만한 이유가 있어야 제대로 읽습니다. 몸과 마음의 변화, 성과 사랑에 대한 욕구, 세계에 대한 지적 관심, 기성에 대한 비판 의식, 자신이 누구인지, 무엇을 좋아하는지에 대한 탐색, 타자와 동등하게 소통하고 인정받고 싶은 욕구 등과 같이 아이들의 관심에 응답하는 책일 때 아이들은 자발적으로 책을 읽습니다. 또한 이러한 욕구를 해소해 주는 방식일 때 아이들은 참여합니다. 청소년을 위해 마련된 별도의 도서관 공간, 또래와 함께하는 독서동아리 활동, 청소년의 관심사에 대한 주제별 책 소개, 편견이나 고정관념을 깨고 다른 사람을 이해하기 위해 소통하는 휴먼라이브러리, 현실 사회의 문제에 대해 발언하고 대안을 모색하는 프로젝트 등이 그렇지요. 그리고 청소년을 위한 독서 프로그램인데도 불구하고 당사자인 청소년들을 제외한 채 구상하고 진행하면 아이들은 다시 등을 돌립니다. 청소년들에게 더 귀를 기울이고 함께 가야 응답을 들을 수 있습니다.

11장

고전은 어떻게 읽혀야 하나요?

> "요즘 고전 읽기 열풍이 불고 있잖아요. 어른뿐만 아니라 아이들에게도요. 아이들이 읽으면 좋을 고전이 뭐가 있을까요? 그리고 몇 학년 때부터 읽히는 게 좋을까요?"
>
> "고전을 읽으라고 했더니 작품이 뭘 말하려는지 도통 모르겠답니다. 어른인 저도 읽다가 포기했는데 억지로라도 읽혀야 할지 고민입니다."
>
> "고전 지문이 입시나 논술에 도움이 된다는 것은 빼 놓고, 고전이 저에게 무슨 도움이 될까요? 선생님이 이야기하는 것처럼 진짜 제 인생을 바꿀 수 있을까요? 공부시키려고 뻥치는 것 같아요."

최근 독서교육 관련 강연에 가면 위와 같은 질문이 쏟아져 나옵니다. 저는 이런 현상을 지켜보며 고전 읽기에 대한 관심과 실천에 양가감정이 듭니다. 한편으로는 이러한 인식의 변화가 반갑지만 다른 한편으로는 염려스럽지요.

여러 학부모와 교사도 느끼고 있을, 이러한 명암은 아이들에게 고전을 어떤 방법으로 읽히면 좋을지에 대한 고민으로 요약될 수 있습니다. 교육법을 고민할 때 되돌아가는 듯해도 오히려 가까워지는 길은 "이것을 도대체 왜 하는가?"라고 묻는 것입니다. 목적을 알고 나면 지금 하고 있는 것들 가운데서 넣을 것과 뺄 것, 방법을 달리할 것, 준비할 것 등 몇 가지 큰 줄기가 잡히지요. 그러고 나서 내가 몸담은 우리 학교, 우리 지역에서 도움 받을 수 있는 손과 쓸 수 있는 자원, 나의 시간과 능력을 고려해서 실행 계획을 세울 수 있습니다. 저는 목적과 방법에 대한 실마리를 고전 읽기에 대한 교육학적 논의가 활발히 이루어졌던 교육철학과 교육사에서 찾아볼까 합니다.

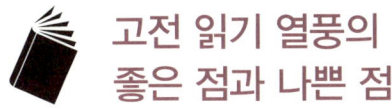# 고전 읽기 열풍의
좋은 점과 나쁜 점

학교와 사회가 고전 텍스트의 교육적 가치를 인정하고 이를 아이들의 교육 교재로 인정하기 시작했다는 점에서는 고전 읽기에 대한 관심이 반갑습니다. 이제까지 아이들은 교과서와 참고서에 요약된 지식을 이해하고 암기하는 방식으로 고전을 접해 왔습니다. 사상가나 작가, 작품 이름만 알고, 때로는 의미도 모르는 채 작대기를 그으면서 무턱대고 외우기도 했지요. 예를 들어, '플라톤 – 관념론, 동굴의 비유, 철인 정치, 『국가』'와 같은 식으로 방대한 양의 퀴즈형 지식을 쌓아 왔습니다. 퀴즈도 풀 수 있고 아는 척은 할 수 있는데, 설명하거나 응용할 수도 없고, 나의 생각과 실천에 아무런 영향을 끼치지 못한 채 말이지요.

또한 고전은 권위를 가진 누군가의 독점적인 해석으로만 안내되기도 했습니다. 교과서나 참고서는 고전을 선별하고, 작품 가운데 특정 부분을 강조해서 특정한 방식으로 요약하고 해석하며, 이러한 해석을 받아들여야 맞힐 수 있는 시험으로 마무리함으로써 아이들을 특정한 방식의 해석으로 이끌어 왔습니다. 그래서 가장 많은 고전이 거론된 국민윤리와 국어, 국사 교과서는 강력한 국가의 통제를 받아왔습니다. 소크라테스의 '네 자신을 알라.', '악법도 법이다.', 유교의 '충'과 '효' 등이 지나치게 강조되고 힘을 가진 정치 권력에 유리하게, 특정한 방식으로 해석되어 왔지요. 이런 경우에 학생들은 고전을 직접 읽은 후 감정을 느끼고 판단하고 생각하는 '나'라기보다는 이미 주어진 해석을 이해하고 흡수하는 '나'로 자리 잡습니다.

고전 읽기 열풍으로 쉽게 고전을 접하게 됨으로써 아이들은 당대에 가장 가치 있게 여기는 오래된 문헌을 직접 읽고 느끼고 판단할 수 있게 되었습니다. 마치 객관식 문제를 맞추기 위해 "서산마애삼존불상-백제의 미소, 서민적, 소박함"을 외우다가 자기 느낌대로 서산마애삼존불상의 얼굴을 들여다보는 것과 같다고 할까요. 외워서 습득했던 지식을 고전을 읽으면서 직접 이해할 수 있는 길이 열린 거지요. 최근에는 많은 고전이 현대 우리말로 번역 출판되어 있어서 전공자가 아니더라도 한자나 영어, 서양 고전어 등의 언어적 장애물 없이 고전을 읽을 수 있게 되었습니다. 또한 어려운 고전 텍스트에 접근하기 쉽도록 안내한 해설서나 온·오프라인 대중 강의, TV와 라디오 매체도 많아졌습니다. 본격적인 공부로서의 독서 교재인 고전을 독자로서 직접 접하게 되었으니, 적어도 자료의 측면에서는 퀴즈용 공부가 아닌 진짜 공부를 할 수 있는 기회가 열린 겁니다.

그러나 다른 한편으로 고전 읽기 열풍이 염려스러운 까닭은 고전 읽기가 자칫 논술과 서술형 시험에 도움이 되며, 공부하지 않아도 국어 성적뿐 아니라 전 과목 점수를 떠받치는, 또 하나의 시험 대비형 공부가 될 상황에 놓여 있기 때문입니다. 이전처럼 고전 공부의 목적이 입시에서 한 발짝도 벗어나지 못한 채로, 고전 목록은 있되 읽도록 도와줄 방법은 없는 채로, 같은 고전이어도 공들인 번역본이나 핵심을 살린 판본을 선택할 수 있는 안목을 교사와 사서교사가 갖지 못한 채로, 빡빡한 교육과정 속에서 실제로 아이들이 천천히 읽을 수 있는 시간을 주지 못한 채로, 묻고 답하고 나누고 누릴 짬 없이 무조건 많이 읽기만 하는 채로 말이지요. 이런 고전 읽기는 아이들 발목에 모래주머니를 하나 더 채워 주는 격이 되기 십상입니다.

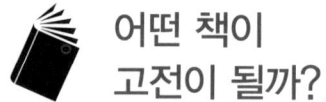# 어떤 책이 고전이 될까?

고전은 무엇인가요? 좁은 의미의 고전, 영어로 'Classic'은 고대 그리스와 로마의 인문학을 가리킵니다. 르네상스 시기의 "고전으로 돌아가자."라는 구호에서의 고전이란 바로 이런 의미입니다. 16세기 인문주의자들은 주석이 가득한 중세 스콜라학식 고전 해석을 거부하고 고전 작품을 직접 읽으려고 했지요. 독자와 텍스트 사이에 끼어 있는 일방적인 해석의 강을 건너뛰려는 시도였습니다. 반면, 넓은 의미의 고전은 "(……) 세계문학이나 각국 문학의 입장에서 오랜 세월에 걸쳐 온갖 비평을 이겨 내고 남아서 널리 애독되는, 시대를 초월한 걸작"이라고 '두산백과'에서 정의합니다. 독서교육에서 고전을 이야기할 때는 바로 이 넓은 의미의 정의를 기준으로 합니다.

그렇다면 어떤 책이 고전이 되는 걸까요? 옛사람들의 유골을 분석해 보면 그들의 키와 질병, 치아 구조, 유전자의 성질 등의 신체 상태를 알 수 있습니다. 그렇다면 옛사람들의 생각은 어떻게 알 수 있을까요? 그들은 자연과 세상사를 어떻게 설명하고, 어떤 불안과 두려움을 갖고, 무엇에 기뻐하며, 어떤 일을 보람 있게 여기고, 무엇에 끌려 사랑을 하고, 어떻게 태어나 어떻게 죽는다고 여겼을까요? 그들이 위와 같은 문제에 대해 어떻게 생각했는지 우리는 어떻게 알 수 있을까요? 고전이라 일컬어지는 옛사람들의 글은 이를 가장 쉽게 드러냅니다. 대대로 전승해 온 민담이나 우화 등의 옛이야기와 다음 세대에게 교육해 온 경전 등은 과거의 인류가 어떤 인간형을 추구하며 어떤 도덕적인 규범을 가지고 살았는지 이해할 수 있게 해 줍니다. 이런 사고와 도덕, 아름다움에 대한 판단은 현재를 이루는 바탕이 되기도 하고 현재가 과거와 얼마나 다른지 알게 해 낯설게도 만듭니다.

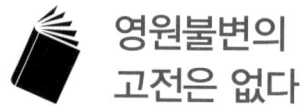

영원불변의 고전은 없다

재미있는 사실은 현재 고전의 반열에 오른 고전이 어느 시대에나 고전이었던 것은 아니었다는 점입니다. 교육과 독서의 역사를 살펴보면, 무엇이 고전이 되는지는 언제나 지은이의 시대가 아닌 읽는 이의 시대에 달려 있습니다. 고전은 집필될 당대에는 권위에 가장 도전적인 글이었으나 다음 세대에는 시대정신의 밑바탕이 된 경우가 대부분입니다. 예를 들어, 현재 가장 많이 읽혀지는 분야인 소설은 18세기까지도 예술의 한 형식으로 인정받지 못했습니다. 독일에서는 "전염병"이라고 이름 붙일 정도로 소설 읽기를 위험하게 생각했습니다. 도서관의 전신이라고 할 수 있는 대여도서관이나 독서조합은 뒷골목 시설로 규정되어 관리, 감독을 받아야 했습니다. 1841년 소설이 아이들에게 얼마나 위험한지를 밝힌 한 소녀의 발언을 읽어 보세요.

"나는 마약을 한 컵 마셨는데 그 바람에 몇 년 동안 머리가 휘청거렸다. (……) 나는 그것이 유발한 지독한 흥분 때문에 마비상태에 빠졌다."[59]

영국인 목사의 딸인 이 소녀가 소설이라는 마약으로부터 자녀들을 조심시키라고 어른들에게 경고한 책은 무엇이었을까요? 현재는 고전으로 칭송받는 윌리엄 셰익스피어의 『베니스의 상인』입니다. 또 다른 사례를 들어 보지요. 1864년 프랭클린협회는 도서 안내서에서 협회의 지원을 받는 도서관 이용자가 진지한 책보다 소설에 더 빠져 있음에 한탄합니다. 이때 거론되는 소설이 알렉산더 뒤마의 소설이나 빅토르 위고의 『파리의 노틀담』입니다.[60] 현재의 고전이 과거에는 지탄의 대상이 되었다는 점은 참으로 역설적이지요. 소설이 문학의 한 분야로 인정받고 고전으로 읽힐 수 있는 것은 인류의 읽기 역사를 볼 때 매우 최근인 셈이죠. 저는 비슷한 이유로 만화나 그림책, 사진집 등의 분야가 고전이 될 시기도 머지않았다고 봅니다.

고전 중 다수는 집필된 당대에는 가장 위험했으나, 읽히는 현재에는 안전합니다. 『에밀』은 파리에서 화형식을 당했고, 이 책을 쓴 루소는 이 때문에 망명자로 떠돌았습니다. 어떤 종파의 『성서』를 읽느냐에 따라 기독교인들은 읽기에 목숨을 걸기도 했지요. 니콜로 마키아벨리의 『군주론』, 요한 볼프강 폰 괴테의 『젊은 베르테르의 슬픔』, 찰스 다윈의 『종의 기원』, 조지 오웰의 『동물농장』, 제임스 조이스의 『율리시스』, 존 스타인벡의 『분노의 포도』, 제롬 데이비드 샐린저의 『호밀밭의 파수꾼』 등은 한때 금서로 지정되었던 책입니다. 정치적·종교적인 이유로 혹은 책의 내용이 선정적이라는 이유로 말이지요.[61] 하지만 현재에는 보수적인 입장을 대변하는 한국 일간지의 고전 읽기 캠페인에서조차 칼 마르크스와 프리드리히 엥겔스의 『공산당 선언』을 고전 목록으로 추천하고 있습니다.

앞에서 언급된 책이 위험한 까닭은 당대의 권위와 관습, 문화에 대해 가장 먼저 혹은 가장 예민하게, 가장 첨예하게 문제 제기를 하고 씨름했기 때문입니다. 또한 다음 세대에게 가장 안전하게 추천할 만한 책이 된 까닭은, 바로 그 문제의식이 현재 우리가 당연하게 생각하는 사고와 도덕, 인간관계와 미감美感에 뿌리가 되고 있기 때문이지요. 역사적으로 독서에 대한 규제는 금지 목록과 추천 목록을 통해 이루어졌습니다. 특정한 작품을 읽지 못하도록 하거나 모범이 되는 작품이나 작가 목록을 제시함으로써 텍스트에 대한 차별적인 권위를 부여해 왔습니다. 반대로 기성 사회가 제시하는 정전正典을 거부하는 움직임도 역사적으로 존재해 왔습니다. 이와 같이 무엇이 고전인지는 변동적입니다.

지금의 시대가 부딪힌 문제에 대한 다른 출구를 찾고자 할 때, 그리고 그 시도가 다음 시대의 사고방식을 여는 발판이 될 때, 현재의 책이 혹은 과거에 주목받지 못했던 책이 고전이 됩니다. 이런 시각에서 국어 교사였던 이계삼은 현재 아이들이 국어 시간에 배우는 고전이 주로 지식인 문인들의 공적인 삶이 담긴 글 일변도임을 비판하고 있습니다. '님'은 '왕'이며 모든 글귀는 정치적으로만 해석되는 작품 같은 것들이요. 그는 국어 수업에서 지식인이 아니었던 일반인의 보편적인 일상을 담은 작품을 고전으로 좀 더 많이 다뤄 주기를 제안합니다. 오히려 그런 작품에서 자본주의를 살아가는 현대인의 문제를 풀 수 있는 상상력을 얻을 수 있을 것이라고 주장합니다.[62]

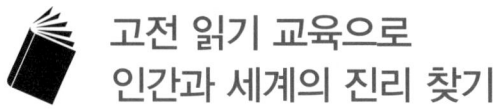
고전 읽기 교육으로
인간과 세계의 진리 찾기

 어떤 책을 고전 목록에 넣을지에 대해 미국의 철학자이자 교육자인 모티머 애들러Mortimer Adler는 다음과 같은 기준을 제시했습니다. 첫째, 현재적인 중요성을 가진 책, 즉 현재의 문제에 들어맞는 책, 둘째, 되풀이해 읽어도 다시금 고갈되지 않는 함의를 찾아낼 수 있는 책, 셋째, 지난 25세기 동안 인간의 사고를 사로잡았던 아이디어와 주제와 관련이 있는 책이 바로 그것입니다. 애들러는 1920년대에 로버트 허친스Robert Hutchins와 함께 시카고·콜롬비아·하버드 대학의 교양 교육과정을 고전 읽기 교육 중심으로 바꾸어 놓은 중심인물입니다. 이들은 대학 교육이 지나치게 전문화된 전공 분야에 대한 협소한 공부에 치중하고 있다면서, 인류가 고민해 오고 답을 찾아온 문제를 담아 놓은 텍스트를 중심으로 한 통합적인 고전 읽기 교육을 했습니다. 이들은 '위대한 책들Great Books'이라고 하는 50~100종의 서양 고전을 정해서 학생들이 어떤 전공 분야를 택하든지 읽고 토론하게 했지요. 이 목록은 현재의 우리에게도 강력한 영향력을 행사하고 있습니다.

이들의 교육철학적인 입장을 '항존주의恒存主義, perennialism'라고 부릅니다. 항존주의는 시대와 공간을 넘어 인간에게 보편적인 가치와 진실이 있다고 믿습니다. 단 하나의 최종적인 진리가 아니라 인간과 세계에 좀 더 중요한 의미를 가진 진리, 비교적 지속적인 진리가 있다고 믿고 이를 가르치는 것을 교육의 목적으로 삼습니다. 고전은 인류가 품어 온 이러한 진리를 담고 있기에 항존주의자에게 가장 중요한 교육 교재입니다. 고전을 읽을 때 고전 속에서 일어난 사건이나 사실을 아는 것은 큰 의미가 없습니다. 고전에 나온 사건을 반추해 보면서, 얼마나 더 고차원적인 생각을 할 수 있는지가 중요하지요. 예를 들어, 『성경』을 읽는 목적은 떡 5개와 물고기 2마리로 5,000명을 먹였느냐를 기억하기 위해서가 아니라 나눔과 사랑과 구원에 대해 생각하기 위해서입니다. 항존주의자들에 의하면, 고전은 공해나 교통, 마약 등 현재에 당면한 특정한 문제에 대한 진실을 알려 주지 않습니다. 신문 기사처럼 직접적인 해결책을 내놓지도 못합니다. 그러나 그러한 문제를 이해하고 답을 찾기 위해 필요한 근본적이고 종합적인 관점과 태도가 어떠해야 하는지를 가르쳐 줍니다.[63] 실제로 우리가 환경문제의 실태를 몰라서 이 문제를 해결하지 못하는 것은 아니지요. 생명과 공존의 관점으로 환경을 바라보지 못한 탓이 더 클 테니까요.

항존주의자들이 선호하는 교육 방법은 소크라테스식 대화법입니다. 교사의 역할이 산모를 돕는 산파와 같다고 하여 '산파법'이라고도 불립니다. 산파가 아이를 대신 낳아 줄 수 없듯이, 교사는 어떤 문제에 대해

지식이나 정보를 직접 주지 않고 학생이 스스로 묻고 깨쳐 갈 수 있도록 도와줍니다. 그래서 항존주의자의 고전 읽기 교육 방식은 경험 많은 교사와 학생 사이의 대화와 토론이 주를 이루는 토론 형식입니다.

앞의 두 항존주의자는 엘리트를 양성하는 명문 대학에서 고전 읽기 교육을 했지만, 이들이 세운 시카고 대학에서 고전 읽기 교육을 받은 얼 쇼리스Earl Shorris는 노숙자와 빈민을 대상으로 '클레멘트 코스clemente course'라는 고전 읽기 교육을 실시합니다. 그는 고전 읽기 교육의 대상을 엘리트에서 민주주의 사회의 모든 자유인, 특히 자본주의 사회에서 가장 낮은 지위를 가진 경제적 약자로까지 확대했지요. 노숙자들은 고전을 통해 자신의 삶을 성찰하면서 가난과 마약, 편견과 차별 등의 무력에 포위되어 무기력하게 반응하던 삶을 반성하는 삶으로 바꾸는 데 성공합니다.[64] 한국에서도 노숙자를 위한 희망의 인문학 코스가 개설되어 상당한 반향을 일으키고 있습니다.[65] 입시에 구애받지 않고 학교 안팎에서 이루어지는 몇몇 청소년 인문학 모임도 그 진화 과정이 주목할 만합니다.

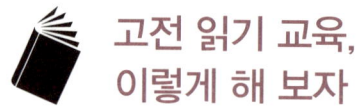
고전 읽기 교육, 이렇게 해 보자

아이들에게 의미 있는 고전 읽기 교육이 가능하려면 어떤 방향성을 제시해야 할까요? 첫째, 고전의 맥락, 즉 콘텍스트context를 이해할 수 있는 열쇠가 필요합니다. 동시대에 쓰인 책은 저자와 독자가 사회적으로 같은 맥락에 있기 때문에, 저자의 생각이 얼마나 시대의 사고와 닮아 있는지, 어떤 부분을 뛰어넘는지 알아채기가 비교적 쉽습니다. 그러나 고전은 다른 시대와 문화 속에서 쓰였기에 이를 알아내기가 무척 어렵습니다. 고전을 읽으면서 '당연한 얘긴데 뭐가 새롭냐'는 느낌을 받기도 합니다. 그 까닭은 앞서 말했듯 고전이 다루고 있는 주장이 당대에는 가장 혁명적이었지만 현재는 우리 사고의 일부가 되었기 때문입니다. 따라서 당대의 시대적 맥락을 이해하지 못하면 고전이 전달하는 핵심적인 사고를 이해하기 어려울 수 있습니다. 더군다나 그 사고를 이용하여, 그 고전이 제기하는 바를 지금의 시대적 맥락에서 끌어내기는 더 힘들지요. 예를 들어, 모든 인간은 천부적인 권리를 가지며 어린이도 독립적인 인격을 가진 존재라는 이야기는, 지금 너무나 당연합니다. 그러나 오래전 이 주장이 제기되었던 시대적 맥락을 함께 이야기하면, 그 생각이 왜 혁명적이었는지 온전히 이해할 수 있습니다. 나아가 지금 이 시대에 어린이에 대한 인격적인 존중이 제대로 이루어지고 있는지도 성찰해 볼 수 있습니다.

텍스트text가 콘텍스트와 함께 제시될 수 있으려면 숙제로만 혹은 국어 시간에만 고전이 다루어질 게 아닙니다. 당대의 시대적 맥락을 다루는 과목들, 즉 역사와 사회, 도덕 수업 시간에 고전이 함께 다루어져야지요. 사서교사와의 협력으로 각 과목에서 언급되는 고전을 학생들에게 보여 주거나 읽어 주거나 전시할 수 있겠지요.

둘째, 천천히 곱씹어 읽는 시간, 사고하는 시간, 모르는 걸 묻고 답하는 시간, 생각을 나누는 대화 시간, 자신의 논의를 주장하는 토론 시간, 생각을 정리하며 글을 쓰는 시간이 필요합니다. 사실과 정보 습득으로의 고전 읽기 교육이 아니라 생각하는 힘을 길러 주기 위해서라면요. 현재의 교육과정은 정보량은 방대한 데 비해 생각할 시간이 넉넉하지 않기 때문에 진도를 맞추면서 고전 공부를 하기가 매우 어렵습니다. 고전 읽기 교육을 시도한 동산초등학교의 사례를 살펴봅시다. 적은 수의 책을 조금씩 읽도록 충분한 시간을 주고, 아이들이 고전 읽기와 나누기의 동무가 될 수 있도록 전 학년에 걸쳐 읽기 공동체를 형성한 것이 제대로 된 고전 읽기 교육의 성공 요인이었습니다. 특히 독자로서 고전 읽기의 자기 체험이 있는 교사에 의해서 전 학교의 공식적인 교육과정으로 고전 읽기 교육이 진행된 점은 주목할 만합니다.[66] 동산초등학교의 사례가 우리에게는 특별하게 느껴지지만, 교과서가 없는 대부분의 선진국에서는 고전이 수업에서 자주 쓰입니다. 셰익스피어나 디킨스의 소설을 한 달 혹은 한 학기에 걸쳐 읽고 수업하는 경우도 많습니다. 한국 학교의 공식적인 교육과정에서 고전 읽기 교육이 이루어지려면 교장 선생님의 리더십과 교사들의 고전 읽기 교육에 대한 이해, 자발적인 참여가 모두 필요하겠지요.

셋째, 사서교사는 좋은 번역본과 판본을 선별할 수 있는 안목을 키울 필요가 있습니다. 독서교육을 따로 받지 못한 우리 교사 세대들은 독자로서의 고전 읽기 경험이 부족합니다. 부산에 있는 어떤 청소년들과의 만남에서 한 학생이 물었습니다. "학교에서 나눠 준 목록을 다 읽어야 되나요? 어려운 옛날 책이 되게 많아요." 제가 어른들을 대표해서 솔직하게 대답해 주었습니다. "내가 확신하건데, 학생의 학교 선생님 중에도 그 책을 읽으신 분은 손가락에 꼽을 걸요. 괜찮아요." "으하하하."

아이들이 시원하게 웃었습니다. 읽어 보지 못한 책에 대해서는 아이들에게 제목과 저자밖에 얘기해 줄 게 없습니다. 각각의 고전이 어떤 주제의식을 가지고 있는지 아이들에게 안내하기 어렵습니다. 특히 번역본이나 어린이용 축약본을 안내할 때는 이야기의 소재가 아닌 주제의식을 잘 담은 책을 선택하는 것이 중요합니다. 시판되고 있는 어린이용 옛이야기 책을 분석한 김환희는 우리의 고전문학이 가진 주제의식과 세계관을 잘 드러낸 어린이책을 찾아보기 어렵다고 토로합니다. 아이들의 기지와 용기가 핵심 주제인 『해와 달이 된 오누이』가 무기력하게 하늘의 운에만 기대는 이야기로 표현되기도 하고, 오랜 염원이었던 자기희생으로 아버지를 포함한 모든 눈 먼 자를 구원한다는 불교적 세계관을 보여 주는 『심청전』의 심청이가 아버지를 고려하지 않고 뱃사람을 따라간 철부지로 그려지기도 합니다.[67]

사서교사는 전문가가 아니기 때문에 책에 대한 직접적인 판단을 내리기 어렵지만, 여러 분야의 전공자의 평가에 귀를 항상 열어 둘 필요는 있습니다. 어린이·청소년 서평집을 참고하거나 학교의 교과교사들에게 책에 대한 평가를 부탁할 수 있겠지요. 같은 『백설공주』여도, 같은 『삼국유사』여도, 같은 『이솝 우화』여도 어떤 책을 수서하고 추천하고 읽어 줄 것인가는 사서교사의 몫이기 때문입니다.

마지막으로, 교사와 사서교사가 어린이와 청소년의 삶과 고전을 어떻게 연결 지을 것인가에 대한 고민을 함께하고, 좋은 사례와 교육안을 좀 더 개발하고 나누기를 바랍니다. 고전은 어떤 시대와 공간에 살던 인간이 갖는 경험의 원형을 다룹니다. 그래서 삶의 길목마다 찾아오는 욕망과 갈등, 선택, 좌절, 타인의 시선과 시대의 관습과의 갈등, 용서와 화해를 심도 깊게 그리고 있지요. 그래서 어렸을 때는 독후감을 쓰려고 억지로 읽던 책인데 사십이 넘어서야 문장마다 가슴이 시린 재미를 맛보는 경우도 많습니다. 삶의 경험이라는 콘텍스트가 텍스트의 이해를 돕는 거지요. 그래서 굴곡이 많았던 삶을 산 클레멘트 코스의 학생들이 때로는 고전을 직관적으로 더 깊게 이해하더라는 이야기도 나옵니다. 우리는 삶의 경험이라는 측면에서 어린이와 청소년의 고전 읽기가 어른보다 어려울 수 있다는 점을 기억해야 합니다. 그래서 아이들의 경험과 연결 지을 수 있는 고전을 고르는 것이 중요하겠지요.

영국의 한 고등학교에서 이루어진 고전 읽기 수업 하나를 소개하고 마무리하려 합니다. 교사는 아이들을 강당의 아무 데나 서게 하고 아무

말도 없이 한쪽 방향으로, 앞 사람을 뒤쫓아서 빨리 걷게 했습니다. 각자는 누군가에게 쫓기고 있는데 그 초조함을 들키지 않으려고 애쓰는 주인공입니다. 아이들의 걸음은 점점 빨라져 앞 사람이 거의 닿을 듯 말 듯하고, 잡히지 않으려고 벌겋게 상기된 얼굴에는 거센 숨소리만 가득합니다. 교사가 "멈춰."라고 말하고 아이들은 그 자리에 멈추었습니다. 교사는 아이들에게 느낌을 물었습니다. 그리고 아이들에게 생이 얼마 남지 않음을 자각하며 시간에 쫓기는 『파우스트』의 한 장면을 읽어주었습니다. 아이들이 실생활에서는 경험하지 못하는 '임박한 죽음'에 대한 공감을 끌어내는 고전 읽기 수업이었습니다. 아이들의 마음을 움직이는 고전 읽기 수업, 우리가 이제부터 본격적으로 함께 만들고 공유해야 할 숙제가 아닌가 싶습니다.

12장

독서·토론·논술 학원에 보내야 할까요?

> "초등학교 4학년인 아이 친구들이 독서·토론·논술 학원이나 독서 논술 학습지를 많이 하고 있네요. 책만 읽게 두지 않고 전문적인 독서 지도를 받게 해야 하는 건 아닌가 싶어요."
>
> "책을 저학년 때만큼 좋아하지 않고 읽으라고 해도 잘 안 읽어요. 책 읽기로 자꾸 실랑이하게 되는데, 독서·토론·논술 학원을 보내면 좀 나아질까요?"
>
> "아이들이랑 책 읽기 모임을 하고 싶은데 국어과 전공이 아니라서 독서 토론을 제대로 이끌 수 있을지 엄두가 나지 않습니다."

독서의 중요성이 강조되면서 아이의 독서교육을 사교육에 맡기는 부모도 늘어났습니다. 초등학교 때부터 독서·토론·논술 학원에 다니는 아이들이 급격히 늘었지요. 읽기·쓰기 능력을 높이려고, 필독도서를 챙겨 읽히려고, 규칙적으로 읽게 하려고, 논리적 사고력을 키워 주려고 등. 학부모들과 이야기를 나누어 보면 그 이유가 다양하더군요. 간혹 아이가 책 읽고 이야기하는 걸 좋아하는데 그걸 나눌 자리가 필요해서 보낸다는 이유도 있었습니다.

독서·토론·논술 학원의 수업은 대부분 한 명의 교사가 아이들과 같은 책을 읽고 이야기를 나누고 글을 쓰는 방식입니다. 일종의 독서동아리지요. 책을 선정하고, 사회를 보고, 이야기를 끌어내고, 글쓰기를 지도하는 등 교사의 역할이 매우 큰 독서동아리입니다. 다양한 글쓰기 가운데 특히 논리적인 글쓰기에 초점을 두고 있고요.

교사의 능력에 따라 좋은 효과를 거둔 경우도 있지만, 아이가 독서·토론·논술 학원을 또 다른 사교육으로 생각하고 스트레스를 받는 경우도 늘고 있습니다. 학원에서 선정한 도서 외에는 잘 읽지 않고, 책 읽기를 학습과 동일시해서 책 읽기의 흥미를 더 잃는 아이도 있고요. 경제적인 부담도 무시할 수 없습니다. 독서·토론·논술 학원을 가지 않고도 아이들이 함께 책을 읽고 나누는 모임을 할 수는 없을까요? 이 장에서는 아이들의 자율적인 독서동아리에 대해 이야기하려 합니다. 국내외의 사례를 보면서 아이들의 독서동아리는 어떤 장점이 있는지 어떻게 꾸릴 수 있는지 알아보도록 하지요.

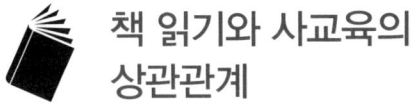# 책 읽기와 사교육의
상관관계

　책을 읽고 나누는 활동은 동서양을 막론하고 학교의 주요 학습 활동입니다. 또한 영화나 드라마, 음악을 향유하고 이야기를 나누는 것과 같은 친교 활동이기도 합니다. 배움의 방법이자 취미로서의 독서와 독서 동아리가 유독 한국에서만 돈을 내고 배워야 하는 사교육의 영역에 들어서게 된 데는 독서이력시스템, 논술 전형과 입학사정관제의 조합이 큰 영향을 끼친 듯합니다. 독서와 구술 면접, 논술시험이 직간접적으로 입시에 영향을 줄 수 있으며, 이를 미리 준비해야 나중에 고생하지 않는다는 믿음은 초등학생의 책 읽기 경험마저도 바꾸어 버렸지요. 초등학생에게 독서·토론·논술은 시 쓰기나 태권도처럼 관심이 있다면 선택할 수 있는 방과 후 활동이 아니라, 영어나 수학처럼 사교육에 의존해서 필수적으로 챙겨 배워야 할 과목으로 변하고 있습니다.

　입시생이 단기간에 걸쳐 논술 기출 문제를 풀고 강의를 듣고 첨삭을 받는다면, 초등학생은 장기간에 걸쳐 가정 방문이나 그룹 과외 형식의 수업을 받습니다. 독서 논술로 유명한 대형 학습지 회사에는 유치원생 프로그램도 있습니다. 입시가 아이들의 책 읽기 생태계를 '독서-토론-논술'이라는 특정 대화 양식과 글쓰기만 강조하는 방향으로 유도하고 있습니다. 조선의 과거시험 과목이었던 제술과가 부활해 입시에 시 전형이 만들어진다면 관련 학습지와 학원이 우후죽순으로 생겨나겠지요. 아이들이 숨 좀 쉬도록 놀이 전형이라도 만들고 싶은 심정입니다.

2015년부터 서울대가 입시에서 논술 전형을 폐지한 여파로 벌써 상위 대학들은 논술 전형을 폐지하거나 축소할 움직임을 보이고 있습니다(《문화일보》 2013년11월15일자). 독서와 논술이 입시와 덜 연관되면 필수 사교육 과목 명단에서 배제될 가능성이 높아지지요. 아이들의 어깨에서 짐 하나를 덜 수 있으니 반가운 소식이기는 하지만, 역설적으로 교실에서 책을 읽고 토론하고 자기주장을 글로 쓰는 소중한 시간이 줄어들지 모른다는 우려도 생깁니다. 특히 중고생의 수업에서 그나마 논술 전형이 벌려 놓은 토론 수업과 글쓰기의 틈이 국어, 영어, 수학 중심의 객관식 사지선다형 시험 준비로 메워질까 봐 걱정됩니다.

교사 대상의 다양한 독서 토론 연수와 모임이 불씨를 잃지 않기를, 과목 간의 통합적 사고력과 글쓰기를 학교 수업으로 끌어들이고 실험한 교사의 통합 논술 수업 시도가 입시에 쓸데없다는 이유로 동력을 잃지 않기를 간절히 소망합니다. 토론과 설득하는 글쓰기는 입시를 넘어 독단과 시류에 휘둘리지 않는 자율적인 개인이 되기 위해, 민주사회의 시민으로서의 힘을 갖기 위해 가르쳐야 할 능력 중에 하나이기 때문이지요.

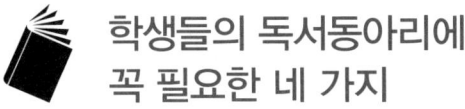
학생들의 독서동아리에 꼭 필요한 네 가지

책을 읽고 이야기를 나누거나 토론하는 모임은 사교육을 통하지 않고도 가능합니다. 오히려 사교육의 형태로 아이들의 독서 토론이 이루어지는 나라는 매우 드뭅니다. 학교 수업 안에서든 밖에서든 책을 읽고 이야기하는 모임을 영미에서는 '북클럽Book Club'이라고 합니다. 소설 등 문학작품을 위주로 이루어지는 학생들의 독서동아리의 경우, '문학서클literary circle'이라고도 부릅니다. 한국에서는 '책모임', '독서동아리', '독서모임' 등의 이름을 사용하지요. 이 글에서는 편의상 '독서동아리'라고 부르겠습니다. 교사가 주도하지 않고 아이들이 자율적으로 운영하는 학생들의 독서동아리는 교육적인 장점이 많습니다. 이는 독서동아리가 가지고 있는 참여의 자유, 도서 선택의 자유, 열린 토론의 자유, 구성원의 주인의식 덕분입니다. 교육적인 장점이 많은 학생들의 독서동아리 핵심 요소는 다음과 같습니다.

첫째, 독서동아리 참여 여부를 개인이 선택할 자유입니다. 누구와 함께하고 싶은지를 참여자가 정합니다. 친구와 이웃과 독서동아리를 만들 수도 있고, 공통의 관심사를 가진 사람, 같은 도서관이나 서점을 이용하는 사람과 독서동아리를 만들 수도 있습니다. 주로 집, 도서관, 서점, 카페, 술집 등에서 비형식적이고 편안한 분위기로 이야기를 나눕니다. 인터넷을 통해 온라인으로 독서동아리를 운영하기도 하지요. TV 쇼를 보면서 책 읽기의 경험을 공유하기도 합니다. 미국의 도서 판매량에 엄청난 영향을 끼친 '오프리의 북클럽Oprah's Book Club'이나 영국의 '리처드 앤 주디 북클럽Richard and Judy Book Club', 한국의 〈느낌표, 책책책 책을 읽읍시다!〉 등도 TV 시청 여부에 완전한 자유가 있습니다. 독서동아리는 국어 수업과 달리 참여 여부가 개인의 자유에 맡겨져 있습니다.

둘째, 독서동아리 구성원이 도서를 선택할 자유입니다. 국어나 사회 수업과 달리 어떤 책으로 이야기를 나눌지 구성원이 선택합니다. 반대로 주제 도서 목록을 보고 아이들이 독서동아리 참여 여부를 선택하기도 합니다. 다수의 연구에서 학생들은 자신이 끌리는, 자신이 고른 책이 더 적극적이고 깊이 있는 토론을 이끌어 낼 수 있고 스스로의 관점을 넓히는 데 도움이 된다고 밝히고 있습니다. 때문에 교사나 사서가 도서 선택에 대한 정보를 주거나 제안할 수도 있지만 최종 선택은 구성원의 몫입니다.

셋째, 비형식적인 열린 토론입니다. 독서동아리는 수업과 달리 학습 목표를 갖지 않습니다. 국어 수업이라면 학습목표에 따라 문체, 등장인물의 성격, 주제 등 배워야 할 내용이 어느 정도 정해져 있습니다. 그러나 독서동아리는 구성원이 작품의 어떤 부분에 주목하고 어떤 이야기를 나누고 싶어 하느냐에 따라 매우 다양한 토론이 가능합니다. 생각거리나 토론거리가 주어지지 않고, 이를 만들어 내는 과정이 온전히 열려 있습니다. 따라서 같은 작품을 읽었더라도 동아리마다 각기 다른 토론이 이루어질 수 있지요.

넷째, 구성원이 독서동아리의 주요한 역할을 분담합니다. 학생들의 독서동아리에서 교사나 도우미는 독점적으로 사회를 보지 않습니다. 교사나 도우미의 역할은 독서동아리가 지속적으로 운영될 수 있도록 초기에 진행 시범을 보여 주거나, 간단한 규칙을 만든다거나, 동아리 공간과 간식거리를 마련하는 등 촉진자로서 돕는 일에 한정됩니다. 독서동아리의 구성원이 번갈아 가며 사회를 보고 역할을 나누고 모임을 진행합니다. 학생들의 독서동아리에서는 모든 아이들의 참여와 기여를 위해 역할을 좀 더 세분화하기도 합니다. 사회자, 토론 논제를 적는 사람, 새로 나온 어휘를 정리하는 사람, 사건을 순서대로 정리하는 사람, 소설의 사회적 배경을 알아 오는 사람 등으로[68] 역할을 나누고, 구성원이 자기가 원하는 역할을 자발적으로 고릅니다.

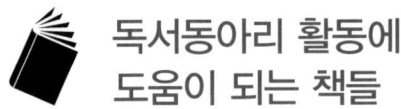

독서동아리 활동에 도움이 되는 책들

　한국에서도 독서동아리의 운영과 도서 선정 등에 도움을 주는 안내서가 출판되기 시작했습니다. 그동안 어린이·청소년의 독서와 독서교육에 대한 책이 셀 수 없이 많이 쏟아져 나왔지만 아이들을 독서 지도의 대상이 아니라 독서동아리의 주체로 온전히 세운 책은 드물었습니다. 『인디고 서원에서 행복한 책읽기』(인디고아이들 지음, 궁리)는 부산의 인문학서점인 '인디고 서원'에서 진행되었던 청소년 인문학 독서동아리에 대한 소개와 동아리 활동 결과물인 아이들의 글을 묶은 책입니다. 백화현의 『도란도란 책모임』, 서현숙·허보영의 『독서동아리 100개면 학교가 바뀐다』, 김은하의 『처음 시작하는 독서동아리』는 학교 안에서 아이들의 힘만으로 진행되는 다수의 자발적인 독서동아리를 모색한 시도들입니다. 이 책들은 자발적으로 결성되고, 자유롭게 주제 도서를 선정하며, 형식에 구애받지 않고 동시다발적으로 이루어지는 독서동아리의 사례를 본격적으로 소개합니다.

　독서동아리의 전통이 오래된 서양은 독서동아리 관련 책이 다양합니다. 독서동아리에서 선호하는 도서 목록과 토론거리를 보여 주는 책도 있고요. 엄마와 딸 독서동아리, 어린이 독서동아리, 청소년 독서동아리, 어르신을 위한 독서동아리, 여학생 독서동아리 등 다양한 독서동아리의 운영 방식과 조언, 추천도서를 제시하는 안내서도 있습니다. 독서동아리 운영 주체에 따라 도서관 사서나 교사, 부모를 위한 안내서도 있습니다. 독서동아리에서 자주 다루어지는 주요 고전이나 도서에 대해서는 토론을 위한 안내서가 따로 출판되기도 합니다. 여기서는 저자 정보나 비평, 문체, 인물 분석, 토론거리, 책의 시대적 배경, 문학적 비유나 상징 등을 담아 토론 아이디어를 주지요.

　우리에게 가장 낯설고 흥미로운 안내서는 독서동아리 요리책입니다. 서양에서는 독서동아리가 퇴근 후 집에서 이루어지는 경우가 많기 때문에, 독서동아리가 모이는 집에서 간단한 간식거리를 준비합니다. 어른들의 독서동아리는 주로 와인과 치즈를 곁들여, 우리로 따지자면 맥주와 오징어를 곁들여 놓고 진행됩니다. 『The Book Club Cookbook』(by Judy Gelman · Vicki Levy Krupp, Tarcher)은 간단히 집어먹기 편하고, 주제 도서와도 관련이 있는 음식을 소개합니다. 예를 들어, 아이리쉬 빈민가의 가족 이야기를 다룬 『안젤라의 재』(프랭크 매코트 지음, 문학동네)를 읽을 때는 아이리쉬 전통 빵을 곁들어 먹도록 요리법을 소개해 줍니다. 이 책에서 빵이 가지는 의미를 안내하면서요. 이러한 안내서는 서양에서는 독서동아리의 성격이 진지한 학술적 토론보다는 친교를 위한 동호회에 가깝다는 것을 보여 줍니다.

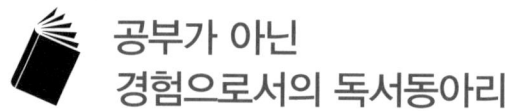# 공부가 아닌
경험으로서의 독서동아리

앞에서 언급한 독서동아리의 핵심 요소를 고려해 보면, 대기업이 만든 독서 논술 프로그램은 독서동아리보다는 국어 수업에 더 가까워 보입니다. 학교의 국어 수업과 다른 점은 교과서가 아닌 일반도서를 이용한다는 점이지요. 교과서 없이 책으로 수업하는 서양의 국어 수업과 형식적으로는 비슷합니다. 독서·토론·논술 학원이나 학습지는 참여 여부 선택을 아이들이 온전히 하기 어렵다는 점, 일정한 수업료를 지불한다는 점에서 독서동아리와 차별됩니다. 또한 학생들은 독서 토론 학습지와 학원에서 도서를 선택할 수 있는 권한을 거의 갖지 못합니다. 이미 교과과정으로 정해진 주제 도서로 수업을 하지요. 대부분 주제 도서와 관련된 활동지나 글쓰기 노트 등이 한 세트로 만들어져 학생들에게 제공됩니다. 이때 활동지에는 토론거리가 무엇인지, 책 읽기 전과 후에 어떤 활동을 할 것인지가 어느 정도 정해져 있습니다. 운영

교사에 따라 약간의 변주는 가능하지요.

독서동아리 활동이 중학생의 읽기 태도에 끼치는 영향을 연구한 논문에 의하면,[69] 독서동아리는 국어 수업과는 달리 아이들에게 읽기를 공부가 아닌 경험으로 바라보게 합니다. '동아리'라는 개념은 수업과 달리 다른 사람과 공통된 활동을 함께하는 사교 모임이라는 느낌이 강하기 때문이지요. 이 점은 특히 읽기를 꺼려하는 독자들reluctant readers에게 매력적으로 다가옵니다. 읽기를 꺼려하는 아이들은 읽기 능력이 떨어지는 경우가 많은데, 읽기를 잘하는 친구와 섞여 이야기를 나누면서 그들의 읽기 전략이나 읽기에 대한 긍정적인 태도를 배우게 됩니다. 학교 공동체에 대한 소속감도 독서동아리 활동 전보다 강하게 느끼고요. 더불어 독서동아리에서 함께 상호작용하는 어른들로부터 긍정적인 영향을 받습니다. 책이 학교뿐 아니라 삶의 일부분이라는 생각을 갖도록 해 주지요.

재미있는 건 처음부터 책 읽기를 잘하고 책 읽기에 대한 긍정적인 태도를 가지고 있던 아이들보다 그렇지 않은 아이들에게 독서동아리의 긍정적인 효과가 더 크다는 연구 결과입니다. 읽기를 싫어하고 독서동아리에 참여한 시간도 가장 적었던 아이들이 오히려 '더 많은 종류의 읽기 자료를 소개받았다.', '독서는 나 스스로에 대한 좋은 느낌을 갖게 한다.', '나는 평생 독자가 되고 싶다.'라는 항목에서 긍정적인 변화를 일으켰습니다. 앞서 말했듯 긍정적인 읽기 태도는 초등학교 5~6학년에 접어들면서 급격히 떨어져 중학교 2~3학년 때는 최하가 됩니다. 이 태도에 도움이 되려면 국어 수업을 보충하기보다는 독서동아리 활동 기회를 마련해 주는 것이 더 효과적입니다. 독서동아리에서의 상호작용은 학생들이 주제 도서를 선택할 수 있고, 자신의 생각을 나눌 기회가 많으며, 동료나 어른들로부터 지지를 받고, 소속감을 느낄 수 있을 때 더 강화된다고 연구자들은 결론을 내립니다.

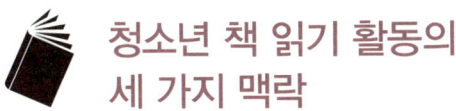# 청소년 책 읽기 활동의
세 가지 맥락

한국에서 청소년이 책을 읽고 이야기를 나누는 모임이 어떤 양상과 맥락으로 이루어지는가를 질적 접근 방식으로 조사한 최인자의 연구는 매우 주목할 만합니다.[70] 이 연구에서는 청소년이 책을 읽고 이야기를 나누는 맥락을 크게 세 가지로 나누어 분석합니다. 성취형, 아카데미형, 향유형이 그것입니다.

학교의 국어 수업에서 이루어지는 문학 읽기 경험은 '성취형' 모임의 특성을 띱니다. 여기서 글에 대한 해석에 권위를 가지는 사람은 교사이며, 다른 구성원은 이 해석을 받아들이는 사람이기에 폐쇄적인 의미 공동체입니다. 글에 대한 다른 해석이나 의견, 구성원의 개별적인 감상은 의미 구성에 불필요한 잡생각이 되지요. 상호작용 또한 교사가 설명하고 구성원은 듣고 필기하며, 교사가 질문하면 구성원이 답하는 방식입니다. 제기되는 질문에 구성원이 응답하는 비율은 높았지만, 이는 교사와 학생의 상호작용에 국한되고, 학생들 간의 횡적인 상호작용은 별로 없습니다. 상호작용에서 중요하게 여겨지는 것은 교사의 질문에 누가 가장 정확하게 답하는가입니다. 따라서 구성원 간의 사회관계는 적절한 답변을 향한 경쟁적인 성격을 띱니다. 수업에서 나타나는 성취형 모임은 교과서의 진도, 상위학교 입학시험, 학교의 지필고사 등 이미 정해진 교과과정을 가르치는 상황이기에 권위자인 교사마저도 자율성을 발휘할 여지가 거의 없습니다.

성취형 모임의 구성원일 때, 학생은 스스로 글에 대한 새로운 의미를 구성하려는 노력을 가능한 배제합니다. 어떤 구성원의 경우에는 교사의 해석에 전혀 동의하지 않으면서도 이를 겉으로 표현하지 않고 받아들이는 척하는 이중적인 전략을 쓰기도 합니다. 이 맥락에서 학생은 교사가 제시한 해석을 그 전에 배운 것과 연결하여 지식을 확장하고 성적을 높이는 데에서 보람을 느낍니다.

다음으로 '아카데미형' 모임은 교사가 학생과 함께 운영하는 독서동아리 활동에서 살펴볼 수 있습니다. 연구자가 관찰한 학교의 경우, 교사가 주제 도서와 독후활동 등을 정하여 독서동아리를 만들고 원하는 학생이 자발적으로 참여하는 방식으로 진행됩니다. 독서동아리에서 글에 대한 의미 구성의 기회는 교사뿐 아니라 학생에게도 똑같이 열려 있습니다. 학생은 자신만의 해석이나 느낌, 생각을 거리낌 없이 자유롭게 표현합니다. 토론에서 최종 결론을 도출하거나 전통적인 해석에 기대지 않아도 되기에 다른 구성원의 의견이 무리 없이 받아들여지고, 새로운 의견과 평가가 환영받는 분위기가 만들어집니다. 따라서 비판적인 성격을 띱니다.

또한 서로의 질문과 응답에 대한 책임감은 높지만 경쟁적이기보다는 협동적입니다. 이는 성적, 논술, 성취라는 외적인 보상 때문이라기보다는 서로의 생각과 느낌을 공유한다는 유대에 대한 보상이 더 강하기 때문입니다. 독후활동도 토론과 논술로 국한하지 않고 다양한 장르의 말하기와 글쓰기로 학생들의 감상을 표현하게 합니다. 학생뿐 아니라 교사 또한 수업 상황과는 달리 개인적 자아를 드러냅니다. '이 부분은 어떻게 해석한다.'가 아니라 '난 이런 것 같다.'라는 식으로 권위를 버린 동등한 구성원으로 의견을 표현합니다.

마지막으로 '향유형' 모임은 또래집단의 문학 읽기 경험에서 살펴볼 수 있습니다. 청소년들 사이에서는 일본소설이나 판타지, 만화 등 특정 분야의 책을 돌려 읽는 모임이 학교 안에 자발적으로 만들어져 있습니다. 이러한 모임은 형식을 갖추지는 않으나 자발적으로 가입하고 도서를 선택하고 의미 구성이 열려 있다는 점에서 독서동아리의 성격을 띱니다. 작품에 대한 어떤 해석도 받아들여지기에 새로운 해석을 제시하더라도 거리낄 것이 없습니다.

단 어른들로부터 환영받지 못하는 분야의 책 읽기이기 때문에 아이들은 은밀하게 돌려 읽고, 은밀한 몰입을 공유하는 데에서 유대감을 느낍니다. 공식적인 모임이라는 구심점이 없고, 서로의 질문과 응답에 대한 책임감이 낮기에 의미의 생산과 공유가 활발하게 이루어지지 않습니다. 권위에 대한 전복과 상상력, 웃음이 의미 구성의 핵심 요소이고, 지나치게 진지한 해석은 "썰렁하다'거나 '머리가 아프다'며 감정적으로 배제되기도 합니다. 향유형 모임은 자유가 주어지지 않는 학교생활에서 권위적인 세계와 대치하는 자신들만의 책 읽기 세계라는 점에서 사회적인 의미를 갖습니다.

　개인적인 읽기 경험을 사회적인 경험으로 만드는 나눔은 특정한 독서 지도 능력을 갖춘 사람의 지도나 수업목표 없이 아이들의 독서동아리로도 가능합니다. 앞의 연구에서 본 바와 같이 아이들의 자발성과 자율성을 동력으로 하는 독서동아리는 오히려 학생들에게 의미 생산자로서 자신의 해석을 친구들과 자유롭게 공유하는 자리가 됩니다. 또한 외적인 성취와 무관하게 읽기의 내적 즐거움을 느낄 수 있고, 특히 읽기를 꺼려하는 아이들에게 읽기에 대한 긍정적인 태도를 가져다주는 효과가 있습니다.

　독서동아리나 독서 토론 모임을 제안하면, 세미나나 학술 심포지움 혹은 100분 토론 등을 연상하는 학부모나 교사, 학생이 많습니다. 심각한 주제, 전문적인 지식, 논리 정연한 발언, 찬반 토론 등이 독서동아리의 전형적인 틀인 것처럼요. 독서동아리를 경험해 보지 않은 사람일수록 이러한 경직된 틀을 벗어나지 못하고, 동아리에 들기를 부담스러워 합니다. 독서동아리가 활발히 운영되는 나라에는 두 가지 놀라운 점이 있습니다. 하나는 독서동아리가 읽는 책의 분야입니다. 추리, 로맨스, 판타지, 만화, 범죄 소설 등 장르문학 분야별 독서동아리가 도서관에서 가장 활발합니다. 고전이나 사회학 책, 외국어 도서 등을 읽으면서 학습하는 독서동아리 못지않게 장르문학을 읽으면서 즐기는 독서동아리도 충분한 가치가 있습니다. 장르문학과 만화책을 즐겨 읽는 향유형 모임도 당당히 읽고 비평할 수 있는 공식적인 독서동아리로 멍석을 깔아 준다면, 의미를 공유하는 모임으로 발전할 가능성이 높습니다.

　또 하나 놀라운 점은 독서동아리 활동을 시작하는 연령대가 매우 낮다는 겁니다. 청소년뿐 아니라 초등학생들도 독서동아리 활동을 합니다. 교사는 독서동아리에서 어떤 말을 하면 되는지, 어떻게 사회를 보는지 3~4차시에 걸쳐 시범을 보여 줍니다. 그리고 읽고 싶은 책에 따라 아이들을 모둠으로 나누어 각자의 모둠에서 독서 토론을 진행하도록 합니다.

그렇다면, 아이들의 독서동아리는 어떻게 꾸려질 수 있을까요? 먼저, 저학년생끼리도 꾸릴 수 있는 가장 쉬운 독서동아리는 시간을 정해 구성원이 모여 약 30분 동안 자기가 읽고 싶은 책을 읽는 겁니다. 그러고 나서 서로에게 각자가 읽은 책을 소개해 줍니다. 시간이 되면 한 권의 그림책을 어른이 읽어 주고 아이들이 서로 이야기를 나눕니다. 아주 간단하지요. 미리 읽어 오는 부담도 없고 학년이 다르고 관심사가 달라도 친구들과 만난다는 즐거움이 있습니다. 다른 친구가 읽는 책에 관심을 기울이게 되고요. 어른이 읽어 주는 그림책을 함께 들으면서 이야기 나누는 활동은 좀 더 커서 아이들끼리 독서동아리를 진행할 수 있는 좋은 연습이 됩니다.

다음으로 쉬운 독서동아리는 같은 책을 정해서 각자 읽어 오고, 함께 모여 이야기하는 방식입니다. 책을 선정할 때는 구성원이 돌아가며 함께 읽고 싶은 책을 고르거나, 구성원이 제안한 책 중에 투표로 결정하거나, 두 가지를 혼합하여 구성원이 번갈아 가면서 책을 고르되, 3~4권의 후보작을 제안하면 그중 함께 읽고 싶은 책을 투표로 정합니다. 각자 읽으면서 질문거리나 이야깃거리를 따로 메모하거나 포스트잇을 붙여 표시해 옵니다. 이해하기 어렵거나 새로 알게 됐거나 생각하게 만들거나 어떤 느낌을 주거나 과거의 경험을 떠오르게 한 부분을요. 그리고 만나서 각자가 메모하거나 표시해 둔 부분을 이야기합니다.

독서동아리가 좀 더 발전한다면, 주제를 갖고 시리즈로 읽어 갈 수 있습니다. 한 저자의 책, 같은 시대를 산 작가들의 책, 한 가지 주제에 대한 다양한 책 등으로요. 여러 권의 책을 비교해서 읽게 되고 전에 했던 모임에서의 이야기가 계속 축적되기 때문에 시간이 갈수록 토론의 깊이도 깊어집니다.

또한 책 읽기와 다른 활동을 함께하면 독서동아리 활동이 활기차집니다. 문학관이나 작품의 배경지 방문, 도서관이나 독립 서점 방문, 저자와의 만남이나 북콘서트 참여, 책과 관련된 영화나 연극 관람, 미술관이나 박물관 방문 등의 활동을 할 수 있지요.

아이들의 독서동아리에서 어른들은 어떤 역할을 해야 할까요? 십대가 주도하는 독서동아리를 위한 안내서에는 다음과 같은 설명이 있습니다. 첫째, 동아리에게 안전한 공간과 지속적으로 모일 수 있는 시간 마련해 줍니다. 물리적 안정성뿐 아니라 심리적으로도 경쟁적이거나 공격적인 분위기가 되지 않도록 지켜 주고요. 둘째, 좋은 본보기이자 촉진자가 되어 아이들에게 독서동아리의 가치를 알게 해 줍니다. 셋째, 무대의 주인공은 아이들, 무대 뒷일을 도맡아 합니다. 먹거리 준비나 장소나 사람 섭외, 이동에 필요한 비용 등 숨은 스태프가 됩니다. 마지막으로, 간섭하지 않습니다.

과연 아이들끼리의 독서동아리가 잘 굴러갈 수 있을까요? 이미 꽃을 피우기 시작한 흥겨운 모임이 있습니다. 서울 봉원중학교에서 만들어진 37개의 독서동아리, 인천 계수중학교에서 같은 진로를 꿈꾸는 친구들끼리 운영하는 14개의 독서동아리 등 곳곳에서 아이들이 자발적으로 만들고 운영하는 독서동아리가 생겨나고 있습니다. 독서·토론·논술 학원을 거부하던 아이들이 독서동아리를 만들고 있습니다.

"친구들이랑 자유롭게 책 골라 읽고 수다 떨어라, 우린 자리를 깔아 주고 맛난 간식을 주마."라고 하면 아이들이 처음엔 의심의 눈초리로 묻습니다.

"독후감 써야 돼요?", "문제 푸는 거 있어요?", "점수에 들어가요?", "진짜 우리가 골라도 돼요?"

"독후감 안 써도 문제없고, 점수에도 안 들어가고, 책 고르는 것도 너희들 자유야."

"그러면 해 볼래요."

어떤 평가도 없고 경쟁도 없이, 자유로운 시간에 자유롭게 읽고 자유롭게 친구들과 이야기하는 자리. 제대로 누리지 못했던 독자로서의 권리를 아이들에게 주면 놀랍게도 아이들이 조금씩 움직입니다.

독서동아리 세트 지원하기

학생들의 독서동아리를 지원하기 위해 공공도서관이나 학교도서관은 독서동아리 세트를 마련해서 빌려 줍니다.

① 여러 아이들이 흥미를 가질 만하고 이야깃거리가 많은 책을 선정합니다.
② 가방 하나에 같은 책 8~10권과 저자에 대한 설명이나 추천 글, 토론 가이드 등을 인쇄하여 넣어 둡니다.
③ 독서동아리 세트는 약 3주 동안 빌릴 수 있습니다.

13장

전자매체 읽기를 어떻게 받아들여야 할까요?

"공부나 실생활에서 인터넷 등 전자매체 읽기는 이제 피할 수 없는 현실이 된 듯합니다. 조사나 연구 활동뿐 아니라 모둠 과제나 설문을 할 때도 전자매체의 읽기·쓰기가 필수가 되었습니다. 어떻게 지도하면 좋을까요?"

 "아이가 집에 오면 내내 컴퓨터나 스마트폰을 들여다보느라 책 읽기는 뒷전입니다. 어떻게 해야 할까요?"

 "전자매체 읽기는 아이들의 발달에 어떤 영향을 끼치나요?"

과거, 전자매체 읽기는 중고생 학부모의 주된 고민이었으나, 최근엔 초등학교 저학년생 학부모도 같은 고민을 합니다. 전자매체 읽기를 시작하고 이용하는 연령대가 점점 낮아지는 현실의 반영이겠지요. 전자매체 읽기는 아직 학계의 논의가 매우 분분한 상황입니다. 만화나 TV의 교육적 효과가 처음 논의되었던 때처럼, 전자매체 읽기의 효과에 대해서도 긍정적인 시선과 부정적인 시선이 모두 존재합니다. 부족하지만 전자매체 읽기에 대한 논의와 교육적인 대안들을 정리해 보았습니다.

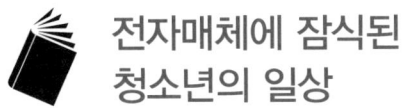
전자매체에 잠식된 청소년의 일상

지금 한국의 아이들은 TV, 인터넷, 게임, 스마트폰이 없는 세상을 상상할 수 있을까요? 그것은 마치 40대에게 전깃불 없는 밤, 30대에게 TV 없는 저녁, 20대에게 인터넷 없는 세계를 상상해 보라는 것과 같겠지요. 전자매체의 출현을 하나씩 접해 오면서 이에 대한 반응과 적응기를 서서히 거친 기성세대와 달리, 지금의 아이들은 태어나서 처음 접하는 세상의 하나로 전자매체를 만납니다. 대부분의 아이들은 눈에 초점을 맞출 수 있을 때부터 부모가 휴대전화 문자 메시지를 주고받고, TV를 보고, 인터넷으로 커뮤니티 활동을 하거나 쇼핑하는 모습을 보고 자랐습니다. 어쩌면 부모가 전통적인 책 읽기를 하는 모습보다 매체를 통해 정보를 탐색하고 읽고 쓰는 모습을 더 많이 보고 자랐을지도 모릅니다. 그래서 미국 교육학자 마크 프렌스키Marc Prensky는 날 때부터 디지털 언어와 문화적 습성에 익숙한 아이들을 '디지털 원주민Digital

Natives', 그들의 부모들을 '디지털 이주민Digital Immigrants'이라고 이름 붙였습니다. 디지털 원주민인 아이들이 청소년으로 자라나면, 디지털 이주민인 부모보다 전자매체를 다루는 기술과 능력이 월등해집니다. 부모가 아이들을 지도하고 안내하는 전통적인 역할이 전자매체와 관련된 부분에서는 뒤바뀝니다.

스마트폰의 출현은 인터넷과 TV, 게임, 메시지 기능을 단순히 통합하는 데서 그치지 않고, 이 모든 기능을 언제 어디서나 가능하게 한다는 점에서 이전 매체와는 질적으로 다른 환경을 만들어 냈습니다. 기다림이나 수고 없이 텍스트에 접근할 수 있게 되었습니다. 오락실이나 PC방을 가거나 영화관에 가서 줄을 서거나 TV 프로그램 시간을 놓치지 않으려고 기다리거나 인터넷이 연결된 집에서 엄마의 눈을 피하는 수고가 없어도 됩니다. 은밀하고 개인적이고 일상적으로 문자, 그림, 영상 등 다양한 텍스트를 언제든 접할 수 있지요. 전 세계로 눈을 돌려 보면 아직도 글쓰기의 가장 기초적인 물품인 종이와 연필마저 부족한 곳도 있지만, 21세기의 한국에서는 다양한 매체의 넘쳐나는 텍스트를 어떻게 수용할 것인가가 시대적 과제입니다.

최근 여성가족부가 발표한 「2013 청소년 매체이용 실태조사」는 스마트폰을 통한 전자매체가 많은 청소년들의 일상에 얼마나 깊숙이 침투했는지 보여 줍니다. 조사 대상인 초등학교 4학년생부터 고등학생까지 10명 중 9명은 휴대전화를 가지고 있습니다. 이 중 스마트폰을 가진 학생은 2011년 36.2%에서 2013년 81.5%로 급격히 늘어났습니다. 그리고 이 중 77.1%가 SNS 계정이 있으며, 이 중 45.5%는 하루에 한 번 이상 SNS를 이용합니다. 주중에 하루 평균 2시간 이상 3시간 미만 스마트폰을 이용하는 청소년이 가장 많으며 주로 채팅과 게임 관련 앱을 사용하는 것으로 조사되었습니다.

한국청소년정책연구원의 스마트폰 중독 척도를 이용한 2013년 조사 「스마트폰 확산에 따른 청소년보호방안 연구」에 따르면, 한국 중고생의 27.6%가 스마트폰 중독 잠재적 위험군에 속해 있고 7.6%가 고위험군이랍니다. 즉, 스마트폰을 이용하는 청소년의 1/3이 스마트폰이 없으면 불안하다거나 이유 없이 습관적으로 스마트폰을 보게 된다거나 스마트폰을 이용하느라 계획했던 공부나 일을 하지 못하게 되는 등의 중독 증상을 보인다고 합니다.

스마트폰 외에도 다양한 전자매체는 한국 청소년들의 여가활동을 지배하고 있습니다. 10장에서 살펴본 바와 같이 한국의 십대는 대중매체 및 전자매체를 매개로 여가 시간을 보냅니다. 「2011년 국민독서실태조사」에서도 아이들의 책 읽기를 방해하는 요인으로 '컴퓨터/인터넷/휴대폰, TV 시청 등으로 시간이 나지 않는다.'는 응답이 30% 가까이 됩니다. 요약해 보면, 전자매체를 통한 여가활동이 전통적 인쇄물인 책을 통한 여가활동보다 훨씬 지배적이라는 것을 알 수 있습니다.

하루 종일
전자매체 텍스트를 읽고 쓰다

요즘 아이들은 안 읽고 안 쓴다고 하지만 엄밀히 따져 보면 이 말은 맞을 수도 있고, 틀릴 수도 있습니다. 읽기를 전통적인 인쇄물 읽기, 즉 책, 신문, 잡지의 글자 읽기라는 좁은 의미로만 본다면 맞는 말입니다. 그러나 읽기의 매체를 좀 더 확대해 다양한 매체에서 보이는 글자 읽기 활동으로 정의하면 한국 아이들은 읽기 활동을 아주 활발히 하고 있는 셈입니다.

청소년들이 즐겨 보는 TV 프로그램인 〈무한도전〉을 예로 들어 보겠습니다. 아이들은 영상을 보고 들으면서 자막을 읽습니다. 출연자의 말을 받아 적어 자막을 만든 것도 있지만, 때로는 출연자가 의도하지 않은 생각이나 행동, 상황을 편집자가 포착하여 자막으로 넣기도 합니다. 아이들은 자막을 보면서 읽기 활동을 하는 셈입니다. 또한 아이들은 인터넷 게임을 하면서도 읽기·쓰기를 합니다. 케이블 개그 프로그램의 한 코너인 '게임폐인'에서는 '찐찌버거'와 '예뻐공주', '세형법사'가 게임을 하면서도 끊임없이 퀘스트quest(이용자가 수행해야 하는 임무나 특정 행동)를 읽고 채팅 글을 씁니다. 청소년과 청년들에게는 최고의 인기를 누리고 팬덤까지 형성한 캐릭터지만 게임 세계에 익숙하지 않은 저는 웃을 타이밍을 찾지 못합니다. 인쇄물 읽기가 아닌 다양한 매체의 문자 읽기는 휴대전화 문자부터 카카오톡이나 SNS, 인터넷 사이트, 카페와 블로그, 노래방에서의 노래 가사 읽기, 수업 시간의 파워포인트 발표 자료까지 삶의 전 영역에 퍼져 있습니다.

기호학은 읽기·쓰기 대상인 텍스트의 의미를 문자에 한정하지 않고 더 넓게 정의합니다. 글자뿐만 아니라 말과 소리, 음악처럼 청각으로 의미를 만들어 내거나 그림이나 사진, 표나 그래프, 상징과 아이콘, 영상 등 시각적으로 의미를 만들어 내는 인간의 사회적인 기호까지 읽기·쓰기의 대상입니다. 내가 직접 경험한 '김 선생님'은 날것이지만 같은 대상인 '김 선생님'에 대해 글로 쓰거나 그림으로 그리거나 사진으로 찍거나 콩트로 만들거나 동영상으로 찍어 편집하면 텍스트가 됩니다. 텍스트를 쓰는 행위지요. 자막 없는 드라마나 영화, 아이돌 그룹의 춤과 표정을 보는 것도 문자는 없지만 영상 텍스트를 읽는 행위가 됩니다. 텍스트는 날것이 아닌 쓰인 것이기에, 단순한 보기가 아닌 읽어 내기가 수반됩니다. '學校', 'σχολη'(그리스어)의 모양을 그냥 보는 것이 아니라 '학교'라는 의미로 읽어 내는 것처럼 말이지요.

이렇게 읽기·쓰기의 텍스트를 확대해 보면, 한국 아이들의 삶은 학업이든 여가든 하루 종일 텍스트의 읽기·쓰기로 이어져 있다고 할 수 있습니다. 학교에서는 주로 전통적인 교과서나 책, 참고서 등 인쇄물을 중심으로 읽고 쓰고, 간혹 파워포인트나 유튜브 등의 동영상을 보조적으로 활용합니다. 학교 밖 학원에서는 학교와 비슷하게 판서나 문제집 등의 전통적인 문자 텍스트 중심으로 읽고 쓰지요. 그리고 여가활동으로는 주로 다양한 전자매체 텍스트를 읽고 씁니다.

개인적으로 십대의 여가활동에서 책 읽기의 비중이 낮다는 것보다 더 염려되는 건 아이들의 시간이 상업성을 기반으로 하는 대중매체 텍스트 읽기에 쏠려 있다는 점입니다. 날것의 직접적인 체험이 너무 부족하지요. 친구들과의 수다나 놀이, 등산이나 낚시 같은 자연과의 만남, 축구나 물놀이처럼 몸으로 하는 놀이나 운동, 직업 체험이나 목공, 농사와 같은 노작 활동, 손으로 만들고 악기를 연주하고 연극을 하는 예술 활동 등 다른 나라의 청소년이 누리는 여가활동에 비하면 지나치게 텍스트 의존도가 높습니다. 이렇게 된 데는 여러 가지 이유가 있겠으나 성적과 입시, 취업에 대한 경쟁으로 날것의 직접적인 체험을 마음 편히 할 수 없게 만드는 환경 속에서 개별적으로 고립된 아이들이 눈치껏 짬을 내어 쉬고 소통하는 하나의 방편으로 이해할 수도 있지 않을까 싶습니다.

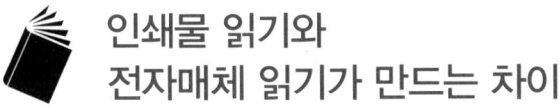
인쇄물 읽기와 전자매체 읽기가 만드는 차이

　지금 이 시대를 시계 이전의 시간 개념을 가진 상태로 되돌릴 수 없는 것처럼, 우리는 전자매체 없는 글 읽기의 시대로 되돌아갈 수 없습니다. 수업 시간에 휴대전화를 수거하고 따로 보관하여 인공적으로 진공 상태를 만들 수는 있어도 휴대전화가 없는 시대를 만들어 내기는 어렵습니다. 현대사회에서 학업과 직업, 생활과 여가 등 사회적인 삶 전반에 걸쳐 전자매체의 글 읽기·쓰기는 개인의 통제권을 넘어섰습니다.

　새로운 매체를 통한 글 읽기가 돌이킬 수 없는 환경이라면, 이는 아이들의 읽기와 사고방식에 어떤 변화를 일으키고 있을까요? 인쇄물 읽기와 전자매체 읽기는 어떤 차이를 낳을까요?

　책 읽는 뇌를 연구한 매리언 울프Maryanne Wolf에 따르면,[71] 인간은 태어날 때부터 보고 듣는 능력을 유전적으로 부여받았으나 읽기 능력은 그렇지 않습니다. 읽기 능력은 인간의 유전적 한계를 뛰어넘는 일이라

배우고 익혀야만 합니다. 이를 통해서 인간의 뇌는 일정한 방식으로 변화하게 된 거지요. 뇌과학자들에 의하면, 뇌는 어린 시절에 만들어져 고정되는 게 아니라 가소성plasticity을 갖습니다. 즉 뇌는 특정한 경험과 환경의 영향으로 변화하는 성질을 갖지요. 뇌는 경험과 환경에 따라 뉴런 간의 연결을 새로 만들거나 끊는 등 유연하게 회로를 재정비합니다. 특히 청소년기의 뇌는 가지치기와 전문화가 활발히 이루어지는 시기로, 쓰지 않는 회로는 가지치기가 이루어지는 반면, 계속 쓰는 특정한 회로는 분화하고 연결을 강화합니다.

울프는 읽기의 가장 큰 특징으로 '혼자 힘으로 생각할 수 있는 시간을 준다.'는 점을 들고 있습니다. 스스로 글을 읽는 행위는 해독과 독해의 두 가지 과정을 반드시 거치는데, 이는 앞서 서술한 것처럼 생래적으로 갖춘 능력이 아니라 배워야 하는 능력입니다. 읽기를 막 배운 초기 독자는 시간을 갖고 집중해야 글자의 모양을 보고 읽으면서 의미를 파악할 수 있습니다. 우리가 낯선 외국어 문구를 읽을 때 집중을 해야만 글자의 모양과 의미 파악을 할 수 있듯이요. 그리고 이렇게 의미 파악을 위해 홀로 집중하는 시간을 갖고 오래도록 연습해야 하지요. 하루 이틀 배운다고 단번에 생기는 능력이 아니기 때문입니다. 이때, 적합한 읽기 방식은 소리를 내지 않고 속으로 읽는 묵독입니다. 해독이 일단 자동화되면, 즉 유창하게 글자를 읽을 수 있으면, 뇌는 독해, 즉 의미 파악에 더 집중하게 됩니다. 그래서 독해는 글에 쓰인 복잡한 개념을 이해하고 분류하고 체계화하며, 다른 사람의 내면적 사고 과정을 이해하고, 자신의 의식에 대한 의식을 가능하게 합니다.

『생각하지 않는 사람들』(청림출판)의 작가 니콜라스 카는 읽기의 양식이 뇌를 일정한 방식으로 길들인다고 주장합니다.[72] 구어가 지배적이었던 문화에서 언어의 도구는 인간 내부의 능력이었습니다. 말하는 자는 목소리로 전해지는 감정, 리듬, 표정과 몸짓, 상호작용을 통해 의미를 전달했지요. 듣는 자는 기억에 의존해서 사고해야 했습니다. 그러나 문자를 읽기 시작하면서 인간은 가장 인간적인 도구인 기억력의 한계를 넘어설 수 있게 됩니다. 묵독을 하면 숫자와 이름, 명칭, 이야기를 기억하지 못해도 다시 읽던 곳으로 되돌아갈 수 있게 됩니다. 이는 글을 쓰는 사람에게도 영향을 끼쳤습니다. 구술가와 달리 저술가는 중복 서술을 하지 않고, 원고를 전체적으로 보고 여러 번 고치면서 글을 쓸 수 있게 되었지요. 따라서 복잡한 개념이나 정보, 이야기, 미묘한 의식의 흐름 등을 글에 담아낼 수 있게 되었습니다. 현재 우리가 읽고 있는 책의 글은 바로 이러한 묵독을 전제하고 쓰인 글이지요.

카는 구술문화의 듣기가 뇌의 기억 부분을 강화했다면, 묵독을 전제한 문자문화의 글 읽기는 사색하고 상상하는 뇌의 회로를 강화하는 효과를 낳았다고 주장합니다. 읽기는 비교적 외부의 자극에 관심을 주지 않고, "하나의 정적인 대상에 대해 지속적이고 방해받지 않고 집중"하도록 뇌를 재구조화한다는 겁니다. 전통적인 책 읽기는 왼쪽에서 오른쪽으로 혹은 위에서 아래로 글줄을 따라 읽으면서 논리나 인과관계를 순차적으로 따져 가는 선형적 사고를 발달시켰습니다.

반면, 전자매체 읽기는 순차적으로 읽기보다는 여기저기 건너뛰며 중요한 정보만 골라 읽게 됩니다. 정보가 집중된다는 점과 그 정보의 양식이 본문, 하이퍼링크, 댓글, 그림, 비디오, 광고, 위젯 등으로 다양하다는 점은 인터넷 사용자의 뇌가 훨씬 더 많은 시각적 자극을 처리하도록 요구합니다. 어떤 하이퍼링크 주소를 클릭해야 할지, 뇌에서 제거해야 할 불필요한 정보는 무엇인지 훑어 읽으며 끊임없이 의사 결정을 해야 합니다. 특히 요즘의 광고나 뉴스 기사는 독자의 시선을 끌기 위해 광고심리학을 동원하는데, 심리적 기제를 무시하면서 원하는 정보에만 집중하기는 쉽지 않습니다.

훑어 읽기를 통한 끊임없는 의사 결정은 정보를 처리하는 작업 기억에 과도한 부담을 주어 글의 의미 파악 자체에 덜 집중하도록 만듭니다. 글을 읽거나, 글자 크기를 확대하고 하이퍼링크로 이동하기 위해 마우스를 클릭하고 검색어를 치는 손의 움직임 또한 일정한 속도로 페이지를 넘기는 전통적인 책 읽기 방식에 비해 산만합니다. 이와 같은 멀티태스킹multitasking 은 뇌를 산만하게 만듭니다.

독자의 읽기 방식이 바뀌면, 글쓰기 방식 또한 바뀝니다. 묵독을 전제로 한 글쓰기가 기억을 넘어 느리고 복잡하며 깊은 사고를 담아내기에 문어적이었다면, 전자매체 읽기를 전제로 한 글쓰기는 댓글로 읽는 자와의 직접적인 대화가 가능하기에 다시 구어적으로 변모하고 있습니다. 글과 문장의 길이도 점점 짧아집니다. 인쇄본으로 완결되는 글이 아니기에 계속 수정되고 편집되는, 진행 중인 글쓰기 양상을 보입니다.

이러한 글쓰기 방식은 글을 읽는 사람에게 다시 영향을 주어 원하는 정보를 수고하지 않고 빨리 얻어 내는 학습 방법에 익숙해지게 만들 수 있습니다. 시간을 들여 텍스트를 깊이 있게 분석하거나 종합하거나 이에 대해 생각하는 것이 습관이 되지 않아 어려워질 수 있습니다. 마치 GPS 내비게이션의 사용으로 사람들이 길을 기억하려는 데 노력을 덜

쓿는 습관을 갖게 되고, 원고지가 아닌 컴퓨터에 글을 쓰면서 글의 개요와 문단, 문장을 미리 구체화하고 수정하면서 글을 쓰게 된 것처럼 말입니다.

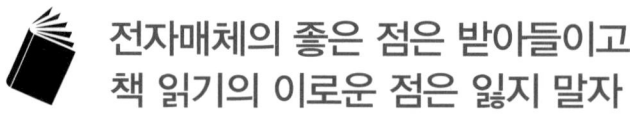
전자매체의 좋은 점은 받아들이고 책 읽기의 이로운 점은 잃지 말자

인터넷과 스마트폰이 열어 준 정보 접근의 세계화, 평등화, 민첩성, 다기능성, 쌍방향성의 장점을 수용하면서도 책 읽기가 가져다주는 이점을 잃지 않으려면 어떻게 해야 할까요? 아이들을 민첩하나 산만하고 깊이 생각하지 않는 텍스트 소비자로 만들지 않으려면 어떻게 해야 할까요?

읽기·쓰기의 범위를 문자 너머로 확장하려는 학자들의 모임인 뉴런던그룹New London Group은 독서교육계에서 이 문제를 가장 깊이 고민해 왔습니다. 이들은 '다중문해력' 혹은 '다중모드 문해력multimodal literacy'이라는 개념을 내세웁니다. 이들에 따르면, 의미는 다양한 형식의 텍스트로 표현될 수 있습니다. 문자 외에도 기호, 그림, 사진, 영상, 소리나 음악, 몸짓 등 매우 다양하게요. 아이들에게 문자 읽는 능력을 가르치듯이, 다양한 형식의 의미와 정보를 읽는 능력을 가르치는 것이 읽기 교육의 목표로 확장되어야 합니다. 다양한 형식의 텍스트를 단순하게 보고 듣는 자가 아니라 읽는 자로 말이지요. 글자의 표면적인 뜻만 읽는 것을 넘어 그에 담긴 숨은 의미를 읽어 내는 독자처럼, 광고, 신문, 만화, 영상, 춤, 연극 등의 표현 형식을 읽으면서 동시에 숨은 의미를 찾아내는 다중 텍스트의 이해자가 될 수 있도록이요.

다양한 형식으로 표현되는 각각의 텍스트는 특정 정보와 의미를 가장 적절하게 담을 수 있고, 어떤 정보와 의미는 생략하거나 다루지 않을 수 있습니다. 한 예로, 웹사이트에서 글을 읽을 때, 글의 형식적 특성이 무엇인지, 어떤 의미를 가장 잘 드러낼 수 있는지를 알아봅시다. 우선 한 웹사이트에 들어가 이 사이트가 어떤 요소로 이루어져 있는지, 글의 목적과 특성은 무엇인지, 각각의 텍스트를 만든 저자는 누구이고 정보의 출처는 어디인지, 편집은 어떤 메시지를 전해 주는지 등을 탐구합니다. 아이들이 가장 적극적으로 활용하는 네이버 지식iN, 각 포털의 메인 페이지, 웹툰 등을 놓고 비판적으로 읽어 볼 수 있겠지요. 포털의 뉴스와 신문의 뉴스가 내용이나 편집에 어떤 유사성과 차이점이 있는지, 만화책의 만화와 웹툰은 어떻게 다른지 등을 토론해 볼 수 있습니다. 교사는 이러한 질문에 대한 답을 찾아가는 탐색 과정을 학생과의 질의응답을 통해 함께할 수 있고, 본보기가 되어 자신의 사고 과정을 이야기해 줄 수도 있습니다.[73]

수업에서 파워포인트 자료를 이용할 때, 자신이 담고자 하는 내용을 왜 특정한 슬라이드로 구성했는지 교사가 설명해 줄 수도 있습니다. 사진과 영상, 도표와 그래프를 어떻게 선택했고, 어떤 효과를 위해 삽입했는지를 아이들에게 설명해 줄 수 있겠지요. 모범이 되는 완벽한 파워포인트 자료가 아니어도 아이들과 함께 슬라이드를 수정해 가면서 아이들 스스로 파워포인트 자료의 텍스트를 읽고 쓸 수 있도록 도와줍니다. 단순한 파워포인트 이용자 교육이 아닙니다. 파워포인트라는 소통 도구를 비판적으로 다루어 보는 거지요. 사진이나 영상, 편집, 제목 등을 담으면서 이들이 어떤 의미를 의식적으로 혹은 무의식적으로 전달하는지 토론해 볼 수도 있습니다.

또한 한 가지 형식으로 표현된 텍스트를 다른 형식으로 바꾸어 보는 활동은 아이들이 다양한 텍스트 형식의 특성을 이해하기 좋습니다. 소설을 읽고 이를 각색한 영화를 보고 두 가지 장르의 의미 표현 방법을 비교하는 것도 비슷한 예가 되겠지요. 한 가지 형식에서 표면적으로 혹은 함축적으로 숨겨졌던 의미는 다른 형식에서 어떻게 드러나는지 분석해 볼 수도 있습니다. 교과 간 통합 수업이나 도서관 협력 수업은 이러한 내용을 담아내기 적절합니다.

전통적인 인쇄물 읽기와 전자매체 읽기가 공존하는 상황은 인류에게 아직 낯섭니다. 따라서 전통적인 인쇄물 읽기로 청소년기를 보내고 어른이 되어 전자매체 읽기를 시작한 기성세대의 읽기는 어떤 방식으로 변할 것인지, 애초부터 두 가지 형식을 같이 접하며 자란 우리 청소년들이 읽기와 사고와 소통을 어떻게 하게 될지에 대한 연구 작업에는 아직 물음표가 많습니다.

그러나 현재까지의 의학적 연구로 밝혀진 최소한의 가이드라인은 몇 가지 있습니다.[74] 우선, 만 2세 미만의 유아에게 TV나 인터넷, 스마트폰 등의 영상매체는 절대로 접하지 않게 합니다. 이러한 영상매체는 아이의 시각중추 형성과 뇌 발달을 저해합니다. 이때는 조기 과잉 독서도 위험합니다. 시선이 한곳에 너무 고정되어 사시나 학습 장애를 유발할 가능성이 높기 때문입니다.

아이들이 크면서 전자매체를 자연스럽게 접하더라도 TV나 컴퓨터를 공용 공간에 놓고, 잠자러 방에 들어갈 때 휴대전화는 거실에 두도록 합니다. 또한 전자매체의 사용 시간을 정해서 약속을 합니다. 저희 집에서는 알람을 맞추어 놓습니다. 아이가 집중하고 있을 때에는 시간에 대한 의식이 잘 없으니 알람이 울리면 자동으로 전자매체 사용을 그만하는 것이 약속입니다. 알람이 말하니 잔소리같이 들리지 않고 몇 분이 남았다고 실랑이하는 일도 덜합니다. 아이가 약속을 잘 지키면 보상을 하는 것도 괜찮습니다. 마지막으로 부모가 아이와 전자매체를 함께 접하면서 대화하는 것도 좋습니다.

우리는 교과서에 만화가 실려 있기는 하지만 만화 읽는 법을 가르치지 않고, 영상을 쓰지만 영상을 비판적으로 읽는 법을 수업에 담지 못하고 있습니다. 스마트폰 글쓰기는 아직 실태조사와 중독 예방 정도에 그치고 있고요. 다중모드 문해력 주창자의 주장대로라면, 아이들이 학교 밖의 삶에서 접하는 텍스트를 학교 안 수업에서 적극적으로 다루려는 시도는 아이들의 삶에서 텍스트를 분리시키지 않으려는 노력이라고 볼 수 있습니다. 텍스트가 사회적 삶의 맥락에서 어떤 역할을 하는지, 어떤 생각과 행동 양식을 만드는지를 객관화하는 기회를 주는 거지요. 전자매체가 자신과 우리 사회의 사고와 행동과 윤리적 감각에 어떤 영향을 끼치는지 아이들 스스로 생각할 기회를 가져야 합니다. '어떻게 그런 계기를 만들 수 있을까?'에 대한 고민과 실험이 필요한 때입니다.

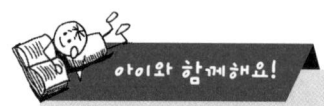

웹사이트를 읽을 때 해야 할 질문들

국어교사이며 독서교육 저술가인 짐 버크Jim Burke가 제시한 '웹사이트를 읽을 때 해야 할 질문들'입니다. 중요한 질문을 추리고 우리의 교실에 맞게 수정했습니다.[75]

"네가 원하는 정보를 이 사이트가 담고 있는지, 그 정보가 정확한지 어떻게 알 수 있는지 <u>스스로 물어야 해.</u>"

- 이 웹사이트를 만든 목적은 무엇인가?
  (예를 들어, 정보 제공, 교육, 즐거움, 설득, 판매, 나눔 등)
- 내가 원하는 주제의 정보는 무엇인가?
- 내가 가장 원하는 정보의 종류는 무엇인가?
  (예를 들어, 사실과 정보, 개인적인 이야기, 흥미로운 뉴스 등)
- 나는 이 정보를 어디에 쓰려고 하나?
  (예를 들어, 설득하는 토론, 연구 보고서, 창의적인 글쓰기, 개인적인 호기심 등)
- 원하는 정보를 잘 찾으려면 어떤 주제어가 필요한가?
- 저자는 이 분야의 전문가인가? 저자가 자신을 어떻게 소개하고 있나?
  (예를 들어, 기관의 대표 혹은 회원 등)
- 누구에게 이 사이트의 내용에 대한 책임이 있나?
- 저자가 자신의 진술을 뒷받침하는 증거는 어디에 있나?
- 모든 인용문은 명확하게 출처를 밝히고 있나?
- 언제 처음 쓰여졌나?
- 마지막으로 업데이트 된 때는 언제인가?
- 저자의 지식은 이 주제에 대한 최근 정보인가?
- 저자는 자신의 독자를 명확하게 인식하고 있나?
- 광고가 있다면, 독자에게 객관적인 정보를 제공하고 있나?

● 닫는 글

이 책에는 독서교육 현장에서 만난 구체적인 질문에 대한 응답과 생각을 담았습니다. 마지막으로, 독서교육에 대해 앞에서 미처 하지 못한 제안을 몇 가지 하려 합니다.

평가가 아닌 교육을 합시다

우리의 독서교육 현장에서 '가르치기'가 생략되고 '평가하기'만 이루어지는 경우를 많이 봅니다. 아이에게 수영을 가르친다고 가정해 봅시다. 우선 교사가 시범을 보입니다. 그리고 손과 발의 움직임, 호흡, 몸의 자세 등 어떻게 하면 수영을 잘할 수 있는지 설명해 줍니다. 아이들이 수영하는 걸 보면서 자세도 고쳐 주고 연습도 시킵니다. 잘 안 되는 부분은 지적도 하고 힘들어하면 격려도 합니다. 즉 '가르쳐' 줍니다.

안타깝게도 독서교육에서는 이런 가르침의 과정이 생략될 때가 많습니다. 아이들을 위한 독서교육 활동으로 가장 많이 이루어지는 독후감 쓰기를 예로 들어 볼까요. 많은 학교에서는 정해진 분량대로 독후감을 썼는지, 필요한 요소가 다 들어가 있는지에 따라 수행 점수를 매깁니다. 이는 독서교육이 아니라 평가입니다. 교육이 이루어지려면 아이들과 함께 읽은 책으로 독후감을 어떻게 쓰는지 본보기를 보여 주어야겠지요. 어떤 과정을 거쳐 독후감을 쓰는지 자세히 설명합니다. 아이들이 잘 이해할 수 있을 때까지 몇 차례에 걸쳐서요. 그리고 아이들더러 독후감을 써 보라고 한 후, 글에 대해 의논도 하고 적절한 조언도 하겠지요. 이렇게 교육이 이루어지면 아이들은 한 학기에 단 한 편의 독후감을 쓰더라도 제대로 쓰는 법을 알게 됩니다. 초등학교 6년 동안 독후감 검사는 많아도 선생님의 독후감 쓰기 시범은 거의 없습니다. 가르침이 없이, "많이 쓰면 는다"며 검사하기로 교육을 대신하는 경우가 많습니다. 수영 시범과 설명이나 조언 없이 "수영은 많이 하면 는다"며 연습 횟수를 체크하는 것처럼요.

책 고르기, 다양한 분야의 책 골고루 읽기, 정독과 다독, 고전 읽기, 인터넷 자료 찾기, 책 읽고 한 줄 글쓰기 등을 아이들더러 하라고 하지만 정작 어떻게 하는지는 잘 가르쳐 주지 않습니다. 아이들은 검사와 평가를 받기에 시키는 대로 하지만 늘 길을 몰라 헤맵니다. 피드백이 없으니 헤매면서도 어딜 헤매는지 모르지요. 평가가 아닌 교육이 필요합니다. 본보기를 보이고 과정을 설명하고 수정과 조언을 해야 합니다. 어떻게 책을 선택하는지, 어떤 분야에 어떤 책이 있는지, 정독은 어떻게 하는지, 인터넷 자료는 어떤 기준으로 찾는지, 그림책의 그림은 어떻게 읽는지 등 이 책에서 제시된 교육 방법을 활용하면 좋겠습니다. 나아가 독서교육 현장에서 더욱 다양한 교육 활동들이 모색되길 바랍니다.

독서교육의 목적지를 멀리 둡시다

"책을 많이 읽은 아이는 나중에 공부도 잘하나요?", "옆집 아이가 어릴 때 책 많이 읽었다던데, 들어간 대학을 보니 독서 효과가 별로 없는 것 같아요." 이런 이야기는 암묵적으로 독서교육의 최종 목적지를 '대입'과 '취업'으로 삼고 있습니다. 날 때부터 클 때까지 열심히 책을 읽어 대입이나 취업에서 효과를 보자는 거지요. 저는 이 단기적인 독서교육의 목적지를 좀 더 멀리 두었으면 합니다. 아이가 사십, 육십, 팔십에도 책과 함께 성장하는 사람이 되도록이요.

지금 자라는 아이들은 우리가 준비시킬 수 없는 세계에 살게 됩니다. 평균 100세가량 살고 직업을 4~5번 바꾸며 대량의 정보와 지식, 기술이 빠르게 없어지고 나타나는 삶을 맞게 됩니다. 20대까지의 배움으로 평생 한 직업에 종사할 수 있는 기회는 급격히 줄어들 겁니다. 직업은 빠르게 없어지고 새로 생겨납니다. 또한 인류가 이전에 만나지 못했던 자연적·사회적·정치적·윤리적 상황을 경험하게 될 겁니다. 미세먼지, 방사능, 결혼 이민자, 비정규직, 이혼, 1인 가족, 동성애, SNS 등과 같은 지금의 이슈가 30년 전에는 전혀 중요하지 않았듯이요. 스스로 배움의 주체가 되어야만 행복한 삶을 누리고 개인으로서, 시민으로서 지혜로운 판단을 할 수 있겠지요.

독서교육의 목적지를 입시와 취업까지로 한정한다면 아이에게 지금 책을 읽히도록 하겠지요. 자발적이든 강제적이든 당장 내 눈앞에서 읽게 할 겁니다. 그러나 그 목적지를 '평생 독자'로 확대한다면 당장 아이의 읽기 양을 늘리기보다 독서에 대한 긍정적인 태도와 내적 동기, 독자로서의 주인 의식을 가질 수 있도록 애쓰게 됩니다. 단기적으로는 싫어도 읽을 수 있고 잘 읽을 수도 있지만, 평생 그렇게 할 수는 없기 때문입니다. 더구나 싫어하는 방법을 통해서 뭔가를 좋아하고 사랑하게 할 수는 없습니다. 아이들을 평생 독자로 키우려면 흥미로운 책을 만나 다른 사람과 책 이야기를 재미있게 나누고, 책이 자기 삶에 영향을 주는 경험을 하게 해 주어야 합니다.

독서 생태계를 건강하게 만들자

아이의 책 읽기 방법은 직접적으로는 부모와 교사, 친구의 영향을 받지만, 간접적으로는 한국의 독서 생태계와 깊은 관련이 있습니다. 작가, 독자, 출판사, 서점, 도서관, 학교, 지방 및 중앙 정부의 정책이 서로 영향을 주고받으며 독서 생태계를 이룹니다. 그런데 최근 이 생태계에 심각하게 무너질 기미가 보입니다. 책에서 가격이 가장 중요한 잣대가 되면서 이 상황은 더욱 악화되고 있습니다. 최근 20년 동안 전국의 서점 수는 1992년 5,371개에서 2011년 1,752개로, 거의 1/3 수준이 되었습니다. 아이들이 신간을 맛보고 책을 직접 골라 살 수 있는 공간이 점점 사라지고 있습니다. 책의 내용보다 가격이 우선시되면 좋은 책이 설 자리도 없어집니다. 역량 있는 작가가 다음 책을 쓰지 못하고 출판사는 시대를 읽는 기획을 내놓지 못합니다.

좋은 책을 고르는 눈 밝은 독자가 많아야 좋은 책이 계속 만들어집니다. 그런 안목을 가진 독자는 평가와 경쟁이 아니라 교육을 통해서 길러집니다. 학교도서관에 사서교사가 있어야 아이들이 좋은 책으로 안내되고 제대로 된 독서교육과 정보 활용 교육을 받을 수 있습니다. 집 가까이에 도서관이 있고 풍부한 자료가 마련되며 책과 독자를 매개하는 사서와 프로그램이 있어야 누구나 돈 없이도 평생 책을 만날 수 있습니다. 아이의 책 읽기에 기울이는 관심의 일부를 독서 생태계에도 기울였으면 좋겠습니다. 이 생태계가 결국 내 아이의 책 읽기 미래를 좌우하기 때문입니다. 도서관과 독서문화, 독서교육 정책에 독자로서 시민으로서 목소리를 내고 투표하고 후원하고 참여하길 바랍니다.

이 책을 읽는 이들에게 던지는 마지막 질문, 왜 책을 읽나요?

이 책에서 다루어진 질문들은 한국의 독서교육 풍경을 그대로 드러냅니다. '이래도 괜찮을까?', '이러면 문제가 아닐까?' 하는 질문은 일종의 불안을 내포하고 있습니다. 왜 특정한 불안이 한국에서 유난히 반복되며 문제시되는지 함께 고민했으면 좋겠습니다. 여섯 살 아이가 글씨를 못 읽는 것이, 3학년 아이가 그림책을 읽는 것이, 제 학년 필독도서를 읽지 않는 것이, 추리소설을 즐겨 읽는 것이, 전집을 골고루 사 주지 않은 것이, 학습지를 한 번도 안 한 것이, 책 읽기보다 노는 걸 좋아하는 것이 왜 이리 불안한 문제가 되었을까요? 책 읽기를 좋은 성적이나 입시의 성공과 연결하려는 강박이 클수록 이 불안은 커집니다.

이제까지 질문만 받았던 제가, 마지막으로 질문을 하나 하겠습니다. 이 질문에 대한 답은 위와 같은 불안을 덜어 내는 열쇠가 될 것입니다. 왜 책을 읽나요? 왜 아이에게 독서교육을 하나요? 여러분 모두 이 질문에 진지하게 답해 보기 바랍니다. 그리고 지금 아이가 책과 만나는 경험이 그 대답 속 목표에 도달하기에 적절한지 솔직하게 자문해 보면 좋겠습니다. 정답은 없습니다. 교육의 목표가 다양한 만큼이나 독서교육의 목표도 다양하니까요. 그러나 이 질문을 염두에 두고 아이의 책 읽기를 도와주면 남의 말에 덜 안달하고 덜 휘청거리게 됩니다.

수많은 답 중 한 가지일 뿐이지만, 저의 생각은 이렇습니다. 제가 왜 책을 읽을까요? 그리고 왜 사람과 책의 만남을 주선할까요? 저는 좋은 삶을 살기 위해 책을 읽습니다. 책에서 얻은 신선한 시점과 고도는 굉장한 웃음과 즐거움과 깨달음을 줍니다. 다른 한 인간의 내면, 다른 시대나 지역에 사는 인물이나 동식물, 지구의 입장이나 다른 세계관 혹은 다른 발상을 통해 보면 익숙한 세계가 달리 보입니다. 마치 산에 올라 동네를 바라보듯, 현미경으로 잠자리 날개를 바라보듯, 책은 새로운 고도와 낯선 시각을 제공합니다. 새로운 시점은 나 스스로를, 다른 사람을, 내가 속한 사회를 달리 보게 만듭니다. 책은 정보와 이야기의 모음이 아닌 관점이 있는 정보와 이야기를 제공함으로써 한 인간으로 누릴 수 있는 사고와 경험의 한계를 넓혀 줍니다. 새로운 관점이 주는 유머와 발상의 전환, 상상력은 웃고 위로하고 생각하게 합니다.

또한 저는 노예가 아닌 자유로운 시민으로 살고 싶어서 책을 읽습니다. 세상이 강요하는 교조와 편견에 복종하기보다 삶과 사회의 결정권을 가진 주인으로 살고 싶습니다. 공동체의 문제에 대해 말하고 쓰면서 자신을 표현하고, 듣고 읽으면서 서로를 이해하는 주인들의 사회에 살고 싶습니다. 인문적·과학적 진실을 다루는 책은 거짓에 함부로 속아 넘어가지 않는, 매수되지 않는 정신을 갖도록 도와줍니다. 역사적으로 책이 특정 계급과 남성의 전유물이었던 까닭은 책을 통한 합리적인 판단력이 주인이 아닌 자에게는 불필요하고 위험한 덕목이었기 때문이지요. 제게 책은 정치적 선전과 종교적 교조, 자본의 유혹, 성공에 대한 일원적 잣대에 깃털처럼 휘둘리지 않는 중심을 갖도록 도와줍니다. 무엇을 좋아하는 사람이고, 어떤 일을 하고 싶은지, 어떤 가치를 갖고 살 건지, 어떤 사랑을 하고, 아이를 어떻게 키우고, 어떤 공동체 속에서 살고 싶은지, 스스로 판단하고 행동하도록 용기를 줍니다.

책은 제가 개인으로 시민으로 행복하고 좋은 삶을 추구하도록 가르치는 선생입니다. 제게는 책 말고도 여행, 자연, 사람, 노래, 그림, 살림, 텃밭이라는 선생이 있습니다. 저는 이 선생들의 협력 수업을 들으면서 보기 넷 중에 정답을 맞히는 퀴즈 말고 삶을 위한 진짜 공부를 합니다.

"여러분의 대답은 무엇인가요?"

주

1   이향근, "이야기 읽어주기 방법을 활용한 어휘력 향상 방안", 「독서연구」, 24호, 2010, 412쪽.

2   정종성, "초등학교 읽기 교과에서의 읽기전략 분석", 「아동교육」, 21권 2호, 2012, 283쪽.

3   윤혜경, 「아동의 한글 읽기 발달에 관한 연구: 자소-음소 대응 규칙의 터득을 중심으로」, 부산대학교 박사학위 논문, 1997, 엄훈, 『학교 속의 문맹자들』, 우리교육, 2012, 269-276쪽에서 재인용. 엄훈의 현장 연구는 초등학생 때부터 축적된 읽기 부진의 경험이 어떻게 청소년 문맹자를 만들어 내는지 보여 줍니다. 읽기 부진 아이를 돕고자 하는 부모와 교사, 사서, 자원봉사자의 일독을 권합니다.

4   Diakidoy, Ian et al., "The Relationship between Listening and Reading Comprehension of Different Types of Text at Increasing Grade Levels", *Reading Psychology*, vol.26, 2005, pp.55-80.

5   Crain - Thoreson, C., Dhalin, M.P. and Powell, T.A., "Parent-child Interaction in Three Conversational Contexts: Variations in Style and Strategy", *New Directions for Child and Adolescent Development*, vol.92, 2001, pp.23-37.

6   Mol, S.E., Bus, A.G., de Jong, M.T., & Smeets, D.J.H., "Added Value of Dialogue Parent-child Book Readings: A Meta-analysis", *Early Education and Development*, vol.19, no.1, 2008, pp.7-26.

7   Sénéchal, M., "Child Language and Literacy Development at Home", Barbara H. Wasik (ed.), *Handbook of Family Literacy*, New York: Taylor & Francis, 2012, pp.38-50.

8   장유경, 최유리, 이근영, "24개월 영아의 어휘습득, 책 읽기 활동과 청각기억 능력의 발달", 「한국발달심리학회지」, 20권 1호, 2007, 51-65쪽.

9   Sénéchal, M. op. cit, 2012.

10 Park, H., "Home Literacy Environments and Children's Reading Performance: A Comparative Study of 25 Countries", *Educational Research and Evaluation*, vol.14, no.6, 2008, pp.489-505.

11 신혜영, 김명순, "저소득 가정 부모의 문해 발달 태도 및 가정 문해 활동과 유아의 어휘력, 인쇄물 개념 간의 관계", 「아동학회지」, 29권 4호, 2008, 199-212쪽.

12 Nutbrown, C., Hannon, P. and Morgan, A., *Early Literacy Work with Families: Research, Policy and Practice*, London: Sage, 2005.

13 프로젝트의 연구자들이 제안한 목록을 한국적 맥락으로 수정하고 덧붙였습니다.

14 한국출판문화산업진흥원, 「2018년 출판산업 실태조사」, 한국출판문화산업진흥원, 2019.

15 Johnson, D. & Blair, A., "The Importance and Use of Student Self - selected Literature to Reading Engagement in an Elementary Reading Curriculum", *Reading Horizons*, vol.43, no.3, 2003, p.197.

16 Reynolds, P.L. & Symons, S., "Motivational Variables and Children's Text Search", *Journal of Educational Psychology*, vol.93, 2001, pp.14-22.

17 Schraw, G., Flowerday, T. & Lehman, S., "Increasing Situational Interest in the Classroom", *Educational Psychology Review*, vol.13, no.3, 2001, pp.211-224.

18 Szymusiak, K., Sibberson, F. & Koch, L., *Beyond Leveled Books*, Portland: Stenhouse Publishers, 2008.

19 Wutz, J.A. & Wedwick, L., "BOOKMATCH: Scaffolding Book Selection for Independent Reading", *The Reading Teacher*, vol.59, 2005, pp.16-32.

20 Wigfield, A. & Guthrie, J.T., "Relations of Children's Motivation for Reading to the Amount and Breadth or Their Reading", *Journal of Educational Psychology*, vol.89, no.3, 1997, pp.420-432.

21 Duke, M.K., "3.6 Minutes per Day: The Scarcity of Informational Texts in First Grade", *Reading Research Quarterly*, vol.35, no.2, 2000, pp.202-224.

22 Gear, A., *Nonfiction Reading Power: Teaching Students How to Think While They Read All Kinds of Information*, Portland, Maine: Stenhouse Publishers, 2008.

23 Jobe, R. & Dayton-Sakari, M., *Info - Kids: How to Use Nonfiction to Turn Reluctant Readers into Enthusiastic Learners*, Markham, Ontario: Pembroke, 2002.

24 Young Adult Library Service Association, *Excellence in Library Services to Young Adults, 5th ed.*, Chicago: American Library Association, 2008, pp.100-102.

25 MacLeod, M., "Types of Reading", Retrieved December 15, 2013(from http://fis.ucalgary.ca/Brian/611/readingtype.html)

26 Eskey, D., "Reading in a Second Language", Hinkel, E. (ed.), *Handbook of Research in Second Language Teaching and Learning*, New York: Routledge, 2005, p.572.

27 손혜숙, "동화의 반복 들려주기가 유아의 이야기 구성 능력에 미치는 효과", 「열린유아교육연구」, 8권 4호, 2004, 53-67쪽; 손혜숙, "교사의 동화 제시방법이 유아의 창의성에 미치는 영향", 「미래유아교육학회지」, 14권 1호, 2007, 1-28쪽.

28 조미아, "학년별 독서방식이 어린이의 자기주도적 학습능력에 미치는 영향에 관한 연구", 「한국문헌정보학회지」, 41권 4호, 2007, 251-271쪽.

29 한복희, "초등 고학년의 독서 부진아에 대한 독서치료 사례연구", 「한국문헌정보학회지」, 37권 2호, 2003, 303-318쪽.

30 이외에도 The Dale-Chall formula, The Gunning Fog formula, Fry Readability Graph,

McLaughlin's SMOG formula, The FORCAST formula 등의 독이성 측정 공식이 있습니다.

31 자세한 설명은 http://www.lexile.com/을 참고하기 바랍니다. 르네상스사의 Accelerated Reader도 미국의 학교에서 널리 애용되는 읽기 수준 척도입니다. 자세한 사항은 다음의 사이트를 참고하기 바랍니다. http://www.renlearn.com/ar/howitworks.aspx

32 문화체육관광부, 「2011년 국민독서실태조사」, 문화체육관광부, 2011, 54쪽.

33 이종문, "학습만화에 대한 초등학생과 학부모의 인식 분석 연구", 「한국도서관·정보학회지」, 43권 2호, 2012, 227-246쪽.

34 Nakazawa, J., "Development of Manga (Comic Book) Literacy in Children", Shwalb, D.W., Nakazawa, J., Shwalb, B. (eds.), *Applied Development Psychology: Theory, Practice, and Research from Japan*, 2005.

35 류반디, "만화의 독서 효용성에 관한 연구", 「한국비블리아학회지」, 22권 2호, 2011, 123-139쪽.

36 백진환, 한윤옥, "학습만화 독서지도 및 효과에 대한 실행연구", 「한국비블리아학회지」, 22권 4호, 2011, 213-229쪽.

37 최영임, 한복희, "학습만화를 활용한 효율적인 독서지도 방안", 「한국문헌정보학회지」, 43권 1호, 2009, 251-270쪽.

38 최준열, 박주용, "학습만화는 글보다 기억을 향상시키는가?", 「교육심리연구」, 26권 1호, 2012, 307-325쪽.

39 강현주, 정현선, "학습만화 『초등과학 학습만화 WHY? 시리즈』와 『살아남기 시리즈』의 스토리텔링 방식과 독자 인식에 관한 연구", 「독서연구」, 21권, 2009, 163-202쪽.

40 Allen, K. & Ingulsrud, J., "Manga Literacy: Popular Culture and the Reading Habits of Japanese College Students," *Journal of Adolescent & Adult Literacy*, vol.46, no.8, 2003, pp.674-683.

41 Nakazawa, J., op. cit, 2005.

42 이승채, "성장시기별, 자료별 독서량 간의 상관관계에 대한 연구", 「한국도서관·정보학회지」, 38권 2호, 2007, 147-164쪽.

43 이승채, "여고생들을 대상으로 한 성장시기별, 자료유형별 독서량 간의 상관관계 연구", 「한국도서관·정보학회지」, 39권 4호, 2008, 445-460쪽.

44 박인하, "어떤 어린이 만화를 읽힐 것인가", 「중등 우리교육」, 12월호, 2004, 107-109쪽.

45 그림책의 그림과 글이 맺는 다양한 관계에 대해서는 다음의 책을 참고하기 바랍니다.
현은자 외, 『그림책의 그림읽기』, 마루벌, 2004.

46 김영욱, "전자매체 시대 그림책의 '그림 쓰기'와 '글 그리기': 아이코노텍스트 중심으로 살펴본 박연철의 창작 그림책들", 「인문콘텐츠」, 17권, 2010, 447-473쪽.

47 출처: 서울특별시 서울 열린 데이터 광장, http://data.seoul.go.kr/openinf/visual/popup/popvisual.jsp?seqNo=5 (검색일: 2014.10.05)

48 Visual Literacy Pack 1과 Visual Literacy Pack 2는 아래의 사이트에서 각각 전문을 볼 수 있습니다.
http://www.carnegiegreenaway.org.uk/celebration/resources/Visual%20 Literacy%20Pack.pdf http://www.carnegiegreenaway.org.uk/celebration/resources/Visual%20 Literacy%20Pack%202.pdf

49 Styles, M. & Arizpe, E., "A Gorilla with 'Grandpa's Eyes': How Children Interpret Visual Texts-A Case Study of Anthony Browne's Zoo", *Children's Literature in Education*, vol.32, no.4, 2001, pp.261-281.

50 한국교육과정평가원, 「OECD 국제 학업성취도 비교 연구(PISA 2018) 결과 발표」, 교육부, 2019.

51 정혜승, 서수현, "초등학생의 읽기 태도에 대한 연구", 「한국어교육학회지」, 134권, 2011, 353-382쪽; 윤준채, 이형래, "초등학생의 읽기 태도 발달에 대한 연구 1", 「국어교육연

구」, 40권, 2007, 161-190쪽; 윤준채, 김영란, "중학생 독자의 독서 태도 발달 경향에 관한 연구 1", 「국어교육연구」, 43권, 2008, 159-184쪽; 이연옥, "초등학교 학생들의 독서 태도에 관한 연구", 「한국도서관·정보학회지」, 42권 3호, 2011, 293-309쪽.

52 Clark, C. & Burke, D., *Boys' Reading Commission, A Review of Existing Research to Underpin the Commission*, London: National Literacy Trust, 2012.

53 남자아이들을 위한 독서교육 및 프로그램에 관심이 있는 분들은 다음의 웹사이트를 참고하기 바랍니다.
http://www.literacytrust.org.uk/policy/boys_reading_commission http://www.guysread.com/more/ http://www.boysread.org/books.html

54 제니퍼 버렉 피어스, 『21세기 청소년에 대한 이해: 성, 두뇌 발달, 비디오 게임을 중심으로』, 정진욱 역, 국립어린이청소년도서관, 2010.

55 The Adolescent Literacy Committees(2008-2011) and the Adolescent Literacy Task Force(2011-2012) of the International Reading Association, *Adolescent Literacy: A Position Statement of the International Reading Association*, Chicago: International Reading Association., 2012.

56 Alessio, A. & Patton, K.A., 2007, *A Year of Programs for Teens*, Chicago: American Reading Association.

57 Kunzel, B. & Hardesty, C., 2006, *The Teen-centered Book Club: Readers into Leaders*, Westport: Library Unlimited, p. 4.

58 윤소영 외, 「2008년 여가백서」, 문화체육관광부·한국문화관광연구원, 88쪽.

59 로제 샤르티에, 굴리엘모 카발로, 『읽는다는 것의 역사』, 이종삼 역, 한국출판마케팅연구소, 2006, 519쪽.

60 위의 책, 542쪽.

61 서양과 우리나라의 금서의 역사에 대해서는 다음의 책을 참고하기 바랍니다. 니컬러스 J. 캐롤리드스 외, 『100권의 금서』, 손희승 역, 예담, 2006; 장동석, 『금서의 재탄생』, 북바이

북, 2012.

62　이계삼, 『삶을 위한 국어교육』, 나라말, 2010, 35쪽.

63　Ozmon, H.A., *Philosophical Foundations of Education*, London: Pearson,2012, pp.20-21, pp.54-55.

64　얼 쇼리스, 『희망의 인문학』, 고병헌 외 역, 이매진, 2006.

65　우기동 외, 『행복한 인문학』, 이매진, 2008.

66　송재환, 『초등 고전 읽기 혁명』, 글담출판사, 2011 ; 송재환, 『초등 고전 읽기 혁명: 실천편』, 글담출판사, 2012.

67　김환희, 『옛이야기와 어린이책』, 창비, 2009.

68　Daniels, H., *Literature Circles: Voice and Choice in Book Clubs and Reading Groups*, Maine: Stenhouse Publishers, 2002.

69　Whittingham, J.L. & Huffman, S., "The Effects of Book Clubs on the Reading Attitudes of Middle School Students", *Reading Improvement*, vol.46, no.3, 2009, pp.130-136.

70　최인자, "청소년 문학 경험의 질적 이해를 위한 독서 맥락의 탐구: 학교에서의 다양한 문식적 클럽들을 중심으로", 『독서연구』, 16권, 2006.

71　매리언 울프, 『책 읽는 뇌』, 이희수 역, 살림, 2009.

72　니콜라스 카, 『생각하지 않는 사람들』, 최지향 역, 청림출판, 2011.

73　Rhodes, J.A. & Robnolt, V.J., "Digital Literacies in the Classroom", Christenbury, L., Bomer, R. & Smagorinsky, P. (eds.) *Handbook of Adolescent Literacy Research*, London: The Guilford Press, 2009, p.164.

74　신성욱, 『조급한 부모가 아이 뇌를 망친다』, 어크로스, 2014.

75 Burke, J., Illuminating, *Texts: How to Teach Students to Read the World*, Portsmouth, NH: Heinemann, 2001.

찾아보기

ㄱ

가족 문해력 53, 55~56
간식책 27, 131
고전 214~218, 219~220
고전 읽기 교육 211~213, 219~226
구어 20, 34, 136, 257~258
국제학업성취도평가 181
그림책 27, 33, 37, 44, 46, 55, 60, 112, 122, 124, 125, 132, 136, 150~175, 217, 243
글자 떼기 16, 17~19, 33, 34, 39~42

ㄴ

놀이 47~49, 55, 56

ㄷ

다독 62, 97, 98, 103~104, 108, 110, 113
다섯손가락 기법 26
다중문해력, 다중모드 문해력 145, 260, 263

대화 읽기 33~37, 42, 112
도서 목록 63~64, 72, 93, 132, 189, 199, 202, 205, 213, 218, 219, 220, 224, 232, 235
독서 토론 166, 221, 223, 230, 231, 232~233, 235, 242, 244, 261, 262
독서동아리 205, 228, 229, 231~237, 240~243
독서문화 62, 82, 84, 289
독서율 179, 184
독서 태도 42, 51, 63, 104, 182~185, 237~238, 242, 267
독이성 65, 117, 118
독해 14, 18, 21, 22, 24~26, 28, 30, 65, 122, 131, 256
독해력 40~42, 50, 66, 181, 184
듣기 22, 30, 42, 257
디지털 원주민 249
디지털 이주민 250

ㄹ

렉사일 지수 118, 119, 125, 130

ㅁ

만화책 134~138, 140, 142, 143, 145~147, 157
멀티태스킹 258
모델링 51, 52, 73, 185, 189~190
묵독 256~258
문맹 165, 179
문어 34~35, 136, 257~258

ㅂ

발명된 철자 45~49
밥책 27, 131
보약책 27
북매치 74
북클럽 231, 232
비공식적인 읽기·쓰기 활동 33, 34, 40, 46
비독자 179, 180, 181, 187

ㅅ

삶의 텍스트 163~165, 206, 250
상황 흥미 66~70, 93
선행 독서 25, 69
성취형 모임 239, 240
소리 내어 생각하기 113, 114
소크라테스식 대화법(산파법) 220
속독 97
스캐닝 105~108, 112
스키밍 105~107, 112
시각 문해력 165, 167
시각 문해력 수업 167, 175

시각적 요소 89, 90, 122, 123, 146, 164, 170, 172, 175, 187, 253

ㅇ

아이러니 155
아이코노텍스트 156, 157
아카데미형 모임 240
어휘 18, 22, 25, 34, 35, 36, 37, 38, 41, 42, 50, 51
역할모델 185, 186, 189, 190
유창성 17~20, 21, 23, 24, 28, 29, 40, 104, 106, 170, 206, 256
의미 해석자 170
이미지 읽기 166, 167, 175
인쇄물 읽기 255~257, 262
인포 키드 89~91
인포그래픽 164
읽기 난이도 26, 117, 118, 122, 125~128, 131
읽기 난이도 지수 130
읽기 독립 41, 42, 112
읽기 동기 66, 67, 79, 81, 139, 140, 145
읽기 방식 98, 256, 258
읽기 부진 19, 70, 110, 132
읽기 수준 104, 117, 124, 125
읽기의 내적 동기 80~82, 93
읽기의 외적 동기 80, 81, 120
읽기의 폭 79~82, 84
읽어 주기 14, 19, 20, 21~23, 27, 29, 30, 34~38, 40~42, 50, 51, 72, 87, 88, 109, 113, 131, 155, 185, 188, 189, 223, 243,

ㅈ

전자매체 249~251, 255, 263
전자매체 읽기 248, 255, 257, 258, 262
전집 59, 60, 62, 63
정독 97~103, 107, 108, 110, 112, 113, 158, 159
정보 탐색 수업 74
주제 흥미 66, 90, 91
지식정보책 87~90, 122, 126

ㅊ

책 선택 64, 71~73
청각 기억 42
청소년기의 책 읽기 193, 194, 196

ㅋ

콘텍스트 222, 223, 225
클레멘트 코스 221, 225

ㅌ

통독 110

ㅍ

팬픽 197
편독 78, 79, 82, 83, 85, 86
표현 어휘 41

플레쉬 킨케이드 읽기 등급 117

ㅎ

하이-로 책 132
학문적 글 읽기 200~203
학습만화 134, 138, 141
항존주의(자) 220, 221
해독 14, 16~18, 21, 22, 24, 26, 29, 41, 65, 131, 135, 206, 256
향유형 모임 241, 242
훑어 읽기 97, 98, 105, 107, 113, 258

숫자

「2011 콘텐츠 산업통계」 134
「2019년 국민독서실태조사」 134, 179, 251
「2013 청소년 매체이용 실태조사」 250
「2018년 출판산업 실태조사」 59

독서교육, 어떻게 할까?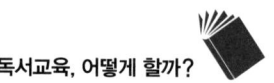